Helmut Seitz

Schaubergwerke, Höhlen und Kavernen in Bayern

Helmut Seitz

Schaubergwerke, Höhlen und Kavernen in Bayern

Ein Ausflugsführer in die Unterwelt

rosenheimer

Bildnachweis:
Einfarbige Bilder:
Bayer. Verwaltung der Schlösser, Gärten und Seen, München, S. 87; Bergbaumuseum Peißenberg, S. 107; BHS AG, S. 97; Gemeindeverwaltung Goldkronach, S. 20; Gemeindeverwaltung Neukirchen, S. 64; Graphitwerk Kropfmühl AG, S. 100; König-Otto-Tropfsteinhöhle, S. 69; Josef Kulm, S. 25; Kurdirektion Berchtesgaden, S. 129, 130; Gebr. Metz, Tübingen, S. 55; Oberfränkischer Ansichtskartenverlag, Bayreuth, S. 36; Pfeiffer-Dia, S. 80, 82; privat, S. 16; Schloßbrauerei Stein, S. 118; H. Seitz, S. 59; Staatl. Kurverwaltung Bad Reichenhall, S. 123, 124; Stadtverwaltung Bamberg, S. 29; Verkehrsamt Muggendorf/Streitberg, S. 45; Verkehrsamt Riesbürg, S. 72.
Mehrfarbige Bilder:
W. Baumann, Bild 1; BHS AG, Bild 7; Kontinentale Tiefbohrung, Windischeschenbach, Bild 2; Gebr. Metz, Tübingen, Bild 3 und 4; Pfeiffer, Bild 5; Salzbergwerk Berchtesgaden, Bild 8; Verein für Höhlenkunde, Marktschellenberg, Bild 9 und 10; Verkehrsamt Lam, Bild 6.

ISBN 3-475-52750-2

Dieses Buch erscheint in der Reihe »Rosenheimer Raritäten« im Rosenheimer Verlagshaus Alfred Förg GmbH & Co. KG, Rosenheim.
Den Satz erstellte Fotosatz-Service Weihrauch in Würzburg. Die Reproduktionen fertigte ColorLine, Verona. Druck und Bindung besorgte Tiskarna Ljudske pravice, Ljubljana, Slovenien. Den Umschlag gestaltete Ulrich Eichberger, Innsbruck.

Inhalt

Anstelle eines Vorworts

Ein kurzes Kapitel Untergrund-Kunde

»Da schaut's ja aus wie in einer Räuberhöhle!« – So pflegen ordnungsliebende Mütter oft zu motzen, wenn die Sprößlinge wieder mal ihr Zimmer nicht aufgeräumt haben. Wohnungen mit wenig Tageslicht werden – leicht übertrieben – als finstere Höhle abqualifiziert. Und nicht nur finster, sondern auch ein bißchen unheimlich scheinen unterirdische Hohlräume für die meisten Menschen zu sein. Das verrät u.a. die Redensart »Sich in die Höhle des Löwen wagen«, die schon uralt ist: Sie geht zurück auf eine der Fabeln des griechischen Dichters Aesop (um 550 vor Christus).

Der Mensch scheint also von jeher ein etwas zwiespältiges Verhältnis zu Höhlen gehabt zu haben. Andererseits weiß man aus zahlreichen Funden, daß zu frühesten Urzeiten die Gattung Mensch mangels besserer Wohnmöglichkeiten in Höhlen hauste – um es mal so sprachlich schief zu sagen. Besser ausgedrückt: Man suchte darin Zuflucht und fand Schutz und Geborgenheit, auch wenn man sich in einer so feuchten und schlecht beheizbaren Wohnstatt sicher einen frühzeitlichen Rheumatismus geholt haben dürfte.

Das Wort Höhle hat in unserer Sprache nicht immer so geheißen. Im Mittelhochdeutschen nannte man ein solches Loch unter der Erde »hüle«, im Althochdeutschen »huli«. Aber ob nun so oder so: Vom Eigenschaftswort »hohl« stammt das Hauptwort allemal ab.

Ob unsere höhlenbewohnenden Vorfahren sich wohl schon Gedanken darüber gemacht haben, wie solche unterirdischen Hohlräume entstanden sein könnten? Wohl kaum – die hatten damals sehr viel dringlichere Sorgen. Und auch später gab's im Zusammenhang mit Höhlen weit mehr Sagen, Legenden und Gruselgeschichten als wirkliches Wissen. Allerdings fing man schon vor Jahrhunderten an, sich ernstlich dafür zu interessieren – einfach deshalb, weil manche damit das große Geld zu machen hofften. Als nämlich in nicht wenigen Höhlen Mengen von uralten Knochen gefunden wurden, da tippte man auf Überreste einer ausgestorbenen Tierart. Das war insofern zwar richtig, als es sich häufig um Skelett-Teile von Höhlenlöwen, Höhlenhyänen und Höhlenbären handelte – von Tieren also, die es auch schon damals längst nicht mehr gab. Einige Cleverles unter unseren Vorfahren brachten aber die Mär in Umlauf, es handle sich bei solchem Höhlengebein um die wundertätigen Knochen des »fabel-haften« Einhorns. Dieses Tier stellte man sich pferdeähnlich vor, aber mit einem langen geraden Horn auf der Stirnmitte. Weil das Einhorn laut Sage nur im Schoß einer Jungfrau Schlaf finden konnte, galt es als Symbol der Keuschheit und wurde sogar in Zusammenhang mit der jungfräulichen Gottesmutter Maria dargestellt. Aber nicht nur für Keuschheit stand das Einhorn als Sinnbild, sondern ganz allgemein für unüberwindliche Kraft und auch Liebe. Und da ihm fast zauberische Heilkräfte angedichtet wurden, durchstöberten alsbald wagemutige Suchtrupps viele Höhlen nach urzeitlichen Knochen. Besonders fündig wurde man in einer Höhle im Harz, die bis heute noch Einhornhöhle heißt. Und wenn sich mancher schon gewundert haben mag, warum es da und dort in deutschen Landen (z.B. im fränkischen Weißenburg) eine Einhorn-Apotheke gibt: Als vermeintliche Arzeney wurden eben die vermeintlichen Fabeltier-Knochen – fein zu Pulver zerstoßen – portionsweise dort gehandelt, wo man auch sonstige Medizinen und Heilmittel feilbot. Als der Einhorn-Rummel allmählich aufhörte, hat man mancherorts Sickerwasser aus Höhlen als Wundermittel angepriesen. Und geldarme Landesherren setzten Alchimisten vergebens darauf an, aus den merkwürdigen Tropfsteingebilden Gold oder doch wenigstens Schießpulver zu machen.

Richtig erforscht wurden Deutschlands Höhlen aber erst dann, als man mit Sicherheit wußte, daß da nirgends was Gewinnträchtiges herauszuholen war. Im 18. Jahrhundert gab es bereits einige sorgfältige Beschreibungen, und sogar halbwegs maßstäbliche Grundriß- und Profilkarten wurden damals schon da und dort gezeichnet. Richtig los ging es damit aber, nachdem vor etwas mehr als hundert Jahren der erste deutsche Höhlenverein gegründet worden war. Nach dem Beginn unseres Jahrhunderts kam es dann fast zu einem Höhlenforschungs-Boom aus rein wissenschaftlichem Interesse. Allerdings wurde durch die zunächst sehr primitiven Methoden und Hilfsmittel (z.B. stark rußende Pechfackeln) viel Schaden angerichtet, der Höhlenforscher und Höhlenfans unserer Tage ziemlich traurig macht. Aber immerhin: Die Höhlenkunde war zum Rang einer Wissenschaft aufgerückt und brauchte als solche unbedingt auch einen Fremdwort-Namen. Man holte ihn aus dem Altgriechischen: Speläologie.

Mittlerweile haben sich die Speläologen auch ein umfangreiches Fachwelsch-Vokabular zugelegt, bei dem selbst der gutwillige Laie meist nur noch »Bahnhof« versteht. Ein paar Kostproben: Von Lösungskinetik wird da gesprochen, und von der Thermodynamik des Lösungssystems. Die Sättigungslänge steigt – so heißt es da – mit dem Quadrat der Kluftbreite und beträgt also bei 200 Mikron etwa 6 Meter – ahaaa! Und weiter: Mischungskorrosion im phreatischen Bereich, Fließfacetten, Anastomosen, Deckenkolke – et cetera. Für Säuren, die im Lauf der Jahrmillionen viele Höhlen aus dem Gestein geätzt haben, gibt es sogar so hübsche chemische Formeln wie z.B. diese: $CO_2 + H_2O – H_2CO_3 – H +$ HCO_3 ... und so weiter. Kann und soll man das alles einem noch überhaupt nicht vorbelasteten Laien leicht faßlich erklären wollen? Auf die Schnelle und sehr kurzweilig wahrscheinlich nicht. Außerdem: Wenn sich jemand für sowas allen Ernstes interessiert, dann gehört er sicher ohnehin bereits zu einem Verein von Höhlenforschern – oder er wird über kurz oder lang dort landen. Wer aber nur gelegentlich mal zum Schauen und Staunen in den Untergrund gehen will, dem dürften auch ein paar ganz schlichte Grundkenntnisse sicher genügen.

Zunächst mal: Was ist überhaupt eine Höhle? Laut Lexikon »ein großer *natürlicher* Hohlraum im Gestein«. Das heißt also: Alles, was der Mensch künstlich aus dem Fels gehauen oder gesprengt hat – ob nun Kavernen, Katakomben, Bunker, Bergwerksstollen und Schächte – das alles zählt nicht zu den Höhlen. Man unterscheidet nach der Art ihrer Entstehung zwei Typen:

Primärhöhlen, die gleichzeitig mit dem umgebenden Gestein entstanden sind – es handelt sich da um Hohlräume, die gleich bei der Auffaltung von geologischen Formationen zufällig offen geblieben waren;

Sekundärhöhlen, die erst Jahrtausende bis Jahrmillionen nach der Entstehung des umgebenden Gesteins durch leicht saure

Wässer ausgelöst und/oder mechanisch ausgespült worden sind.

Primärhöhlen kommen in unseren Gegenden nur selten vor, sekundäre dagegen sehr häufig. Deutlichstes Beispiel für Primärhöhlen sind jene Lava-Röhren, die sich bei Vulkanausbrüchen auf einigen kanarischen Inseln, Sizilien und Island gebildet haben. In Deutschland gibt es als Primärtyp die sogenannten Tuffhöhlen, von denen aber nur ganze drei als Schauhöhlen zugänglich sind – und keine davon liegt in Bayern.

Bei fast allen für jedermann begehbaren Höhlen (die ernsthaften Fans sprechen von »befahren«) handelt es sich hierzulande um Sekundärhöhlen; sie kommen besonders häufig im Karst vor. Das ist eine Formation, die ihren Namen nach einer Landschaft in der Umgebung von Triest bekommen hat. Merkmal: Hier gibt's kaum Flüsse oder Bäche, das Regenwasser sickert sofort nach unten durchs korrodierte Kalk- und Gipsgestein und tritt erst viel tiefer und ganz woanders wieder als Fließwasser zutage. Solche Karstgebiete haben wir in Bayern vor allem im fränkischen Jura (zwischen den Flüssen Altmühl, Pegnitz und Wiesent), im Oberpfälzer Jura, in Schwaben nördlich der Donau (schwäbische Alb) sowie stellenweise in den Allgäuer und oberbayerischen Alpen – und genau in diesen Gebieten sind auch die meisten unserer Höhlen zu finden. Sofern sie durch Wässer herausgelöst wurden, sickert durch ihr Deckgestein oft auch wieder Wasser hinein und bildet durch Ausscheiden von Kalksinter die meist sehr bizarr geformten Tropfsteinsäulen. Das geht allerdings unvorstellbar langsam: Im günstigen Fall kann so ein Kerzenstalagmit in 1000 Jahren um einen halben bis einen ganzen Meter länger werden – im ungünstigen aber vielleicht auch nur fünf Hundertstelmillimeter. Im übrigen: Tropfsteinzapfen, die von der Decke herunterhängen, bezeichnet die speläologische Fachsprache als Stalaktiten, die vom Boden aufwachsenden Zapfen dagegen als Stalagmiten, und beide Formen können sich zu Säulen, aber auch zu vorhangartigen Gebilden und manchmal zu ganzen »Kaskaden« vereinigen.

Nicht sehr häufig, aber immer besonders schön sind Eishöhlen: In denen ist das einsickernde Wasser nahe am Gefrierpunkt, und die kalte Winterluft kann auch im wärmsten Hochsommer nicht abfließen – die Folge: Statt Tropfsteinen bilden sich hier Eiszapfen.

In wärmeren Höhlen kann man an Stellen, wo ein schwacher Lichtschimmer hineinfällt, einfache Pflanzen finden, vor allem Algen, Moose und Farne. Die sieht man in beleuchteten Schauhöhlen manchmal auch nahe den künstlichen Lichtquellen – man spricht dann von der »Lampenflora«. Höhlenlöwen, Höhlenhyänen, Höhlenbären sind zwar längst ausgestorben – aber sehr viel kleinere Lebewesen existieren in manchen Höhlen immer noch. Fledermäuse sind hier zwar meist nur im Winter zu Gast, ganzjährig im Untergrund leben aber diverse Arten von kleinen Krebsen, Spinnen und Kerbtieren. Das wohl auffälligste Höhlentier, das allerdings fast nur im dalmatischen Karst vorkommt, ist der Grottenolm: ein Schwanzlurch, der bis zu 30 cm lang werden kann, mit Kiemen, fast farblos und nahezu ohne Sehkraft, die im ständigen Dunkel ohnehin nichts nützen würde.

Nein danke! – für unsereins wäre das kein Leben: Jeder Mensch – selbst der begeistertste Höhlenfan – ist nach einer Weile doch recht froh, wenn er wieder ans Tageslicht heraufkommt.

Bei Geroldsgrün/Oberfranken:
Zwergbergwerk für Schiefer

Klingt unglaublich, ist aber wahr: In Bayerns letztem *Schieferbergwerk* sind ganze zwei Arbeitnehmer beschäftigt. Freilich: Der Inhaber und zwei Familienangehörige werkeln auch noch mit, teils vor Ort, teils im Büro. Diese paar Leutchen machen aber mit dem Untertageabbau und der Bearbeitung von Frankenwald-Schiefer Umsätze, die sich durchaus sehen lassen können – jedenfalls soll hier bald noch ein weiterer Stollen angeschlagen werden.

Vielleicht wird dieses Bergwerk sogar wieder so groß, wie es schon einmal war – damals, als es 1857 der Nürnberger Bleistiftfabrikant Graf Lothar von Faber erschließen ließ. Nach dessen Vornamen wurde die Schiefergrube »Lotharheil« benannt. Die Fabers brauchten das Bergbau-Urprodukt aber nicht für ihre damals längst berühmten Bleistifte, die sie bereits seit 100 Jahren herstellten, sondern für ein neugegründetes Zweigwerk in Geroldsgrün, das für die damaligen ABC-Schützen Schiefertafeln und Schiefergriffel liefern sollte.

Das sind nun längst keine gängigen Artikel mehr. Und auch Schieferdachplatten kämen aus dem kostenintensiven Untertagebau viel zu teuer – solche werden zwar noch heute in Lotharheil hergestellt, aber aus Importschiefer, der vom kostengünstigeren Tagebau in Gruben Spaniens oder Portugals »roh« nach hier geliefert wird. Der dicke und sehr reine Frankenwaldschiefer wird dagegen heute hauptsächlich zu

Im Schieferbergwerk Lotharheil

Fußbodenplatten, Treppen, Tischplatten, Fensterbänken, Kamineinfassungen und Gartenplatten verwendet, aber auch für Tabletts in der Gastronomie, für Schalttafeln, Grabsteine und sogar Modeschmuck.

Lotharheil – jetzt bereits in der vierten Generation von der Familie Teichmann betrieben – ist immer noch ein richtiges Bergwerk mit einer kleinen Grubenbahn. Ein mittlerweile stillgelegter Stollen und ein nicht mehr benutztes Zechenhaus werden zu einem Besucherbergwerk umgebaut. Wann das fertig sein wird, läßt sich heute noch nicht sagen. Wer aber schon jetzt mal sehen möchte, wie Schiefer abgebaut wird, hat dazu außerhalb der Arbeitszeiten Gelegenheit. Nicht in einem Schaubergwerk, sondern dort, wo untertags und untertage das schwarze Gestein gebrochen und gefördert wird. Wegen der Sicherheit und um den Betriebsablauf nicht zu stören, kommt man aber nur während der Feierschichten und nicht mit ganzen Busladungen in den Stollen, dafür aber wird man vom Bergwerkseigner höchstpersönlich geführt, und sowas gibt's ja nun wirklich höchst selten oder sogar kein zweitesmal.

Zu erreichen: Lotharheil liegt im Ortsteil Dürrenwaid-Silberstein der Gemeinde Geroldsgrün (Landkreis Hof) nahe Bad Steben. Man kommt dorthin am besten auf der A 9 bis Ausfahrt Naila, von da auf der B 173 bis Schwarzenbach und dann noch wenige Kilometer auf einer Nebenstraße.

Besichtigung: Solange das Besucherbergwerk noch nicht fertig ist, gibt es keine festen Besichtigungszeiten. Grundsätzlich kann man zwar die arbeitsfreien Tage des Wochenendes dafür vorsehen, aber es ist unbedingt nötig, sich zuvor telefonisch mit dem Bergwerkseigner Manfred Teichmann abzusprechen: Tel. 09267/281, Anschrift: Schieferwerk Lotharheil in 8682 Geroldsgrün.

Umgebung: Nicht allzu weit entfernt, in *Ludwigsstadt* an der jetzigen Thüringer Landesgrenze, nahe bei Sonneberg, könnte man noch das *Schiefermuseum* besichtigen. Auch dort, wie im benachbarten Lehesten in Thüringen, wurde früher Schiefer für alle Verwendungszwecke abgebaut und verarbeitet – unter anderem ebenfalls zu Schiefertafeln und Griffeln. Hier ging das alles vorwiegend in Heimarbeit. Im Museum wird gezeigt, mit welch primitiven Werkzeugen sich die Leute ein paar Pfennige verdienen mußten. Von Ludwigsstadt gingen aber nicht nur Schiefertafeln, sondern auch Dachplatten in den »Export« – so unter anderem für ziemlich berühmte Bauwerke wie die Würzburger Residenz und die Hofburg in Wien.

Das Städt. Schiefermuseum in Ludwigsstadt ist von Anfang April bis Ende Oktober jeden So. von 10 bis 12 Uhr geöffnet, darüber hinaus bei Voranmeldung tägliche Sonderführungen, Telefon: 09263/636 oder 1600 oder 1524. Anfahrt am besten über Kronach auf der B85.

In Goldkronach (Oberfranken):
Gold aus der Schmutzlerzeche

Daß ein Bergwerk, in dem einst nach glänzendem Gold geschürft wurde, ausgerechnet *Schmutzlerzeche* heißt, ist ein kurioser Zufall. Aber auch sonst hatten die Bergwerksanlagen in Goldkronach ehedem recht seltsame Namen – zum Beispiel »Name-Gottes-Gang«, »Fauler Igel« oder »Ostertagsstollen«.

Hier war ehedem eine sehr ergiebige Gegend: Um das Jahr 1400 wurde zu Goldkronach im Fichtelgebirge mehr Gold und Silber gefördert als irgendwo sonst in Deutschland – bis zu 9 kg pro Woche. Rund 500 Bergleute waren damit in den besten Zeiten beschäftigt. Die Hussiten-Einfälle im 15. Jahrhundert und der 30jährige Krieg im 16. brachten den Goldbergbau für eine Weile zum Erliegen – und so ganz zur früheren Bedeutung kam er danach nie mehr. Auch dann nicht, als sich der später berühmt gewordene Wissenschaftler Alexander von Humboldt von 1792–1795 als Bergbau-Assessor in Goldkronach darum bemühte. Als die Franzosen das hohenzollerische Fürstentum Bayreuth in napoleonischer Zeit besetzten, interessierten sie sich kaum für den Bergbau, weil nach Ansicht des Intendanten nicht viel Ausbeute zu erhoffen war. 1810 kam Bayreuth zum Königreich Bayern, das den Betrieb in Goldkronach 1828 wieder aufnehmen ließ. Von großen Erfolgen hörte man danach aber nichts. Einen letzten Versuch hatte man in den zwanziger Jahren mit einer »Bergbau AG Fichtelgold« gestartet. Erste Proben ergaben pro

Beim Goldwäscherwettbewerb

Tonne Roherz einen Gehalt von 35,4 Gramm Gold und 22 Gramm Silber. Die Aktien der Gesellschaft, die offenbar zu wenig Kapital hatte, wurden zum Objekt wilder Spekulationen, aber als 1925 das finanzierende Bankhaus ins Trudeln kam, waren diese Anteilscheine der Fichtelgold AG bald kaum mehr das Papier wert. Allerdings scheint aber auch die Ergiebigkeit in Relation zur teurer gewordenen Arbeitskraft des 20. Jahrhunderts nicht mehr ausgereicht zu haben. Von 1920–1923 wurden nach Angaben der Firma ganze 10 kg Gold gewonnen.

Nach der Pleite soff die Schmutzlerzeche ab. Erst vor einigen Jahren wurde der Schacht entwässert und für Besucher zugänglich gemacht. Wer heute in die Stollen eindringen will, kann das nur mit einem Führer tun, wobei die Teilnehmerzahl pro Gruppe auf maximal sechs Personen begrenzt wird, weil die Gänge stellenweise sehr eng sind. Der Besucher wird mit Gummistiefeln, Helm und Grubenlampe zünftig ausstaffiert. Die Begehung dauert nur etwa 20 Minuten, aber die reichen schon, um sich vorzustellen, unter welch schwierigen Verhältnissen die Goldschürfer früher hier werkeln mußten. Am Ende eines Stollens sieht man auch noch ein bißchen Bohrgerät und Bergmannshämmer. Für eine Lore der Bergwerkstransportbahn war jedoch hier drin kein Platz mehr – einen solchen »Grubenhunt« sieht man dagegen auf dem Marktplatz von Goldkronach. Und 1993 wird ein »Humboldtweg« eröffnet, der zu weiteren Relikten des Goldbergbaus rund um den Ort führen wird. Wenn es bei der örtlichen Sparkasse auch noch wenige Exemplare eines Doppeldukaten von 1695 aus Goldkronacher Gold zu kaufen gibt: selber nach Edelmetallen schürfen kann man hier nicht mehr, sondern nur sehen, wo und wie es einst gemacht wurde. Wohl aber kann und darf man gleich daneben im *Zoppatenbach Gold waschen,* und wer Glück hat, der findet dabei auch tatsächlich winzige Nuggets. Seit 1986 sind hier regelmäßig jedes Jahr die Deutschen Meisterschaften der Goldwäscher, und 1989 hatte Goldkronach – erstmals in Deutschland überhaupt – sogar die 12. Weltmeisterschaft in dieser seltenen Wettkampf-Disziplin. Für den, der selber sein Glück im Wettbewerb probieren möchte, gibt es hier aber auch die einzige Goldwaschanlage der Welt, die das ganze Jahr über für Leute mit leichtem Goldrausch geöffnet ist.

Besichtigung: Die Schmutzlerzeche kann man nur von Mai bis Oktober »befahren«, regelmäßig an Sonntagen von 10 bis 16 Uhr und an Samstagen nach Vereinbarung. Ansonsten haben Gruppen nach Voranmeldung auch zu anderen Terminen Zutritt.

Auskunft: Städt. Verkehrsamt in 8581 Goldkronach, Tel. 09273/406.

Zu erreichen: Goldkronach liegt nur 5 Autominuten von der Ausfahrt Bad Berneck an der A 9. Dieser hübsche Kurort (»Die Perle des Fichtelgebirges«) kann also leicht im Vorbeifahren »mitgenommen« werden.

Umgebung: In die Festspielstadt Bayreuth mit ihren Markgrafenschlössern und in die Bierstadt Kulmbach mit der Plassenburg (und dem größten Zinnfigurenmuseum der Welt) wäre es für den Autofahrer nur ein Katzensprung von Goldkronach – ganz abgesehen davon, daß ja das Fichtelgebirge eine schöne Wanderlandschaft ist.

Tropfsteinhöhle in Triefenstein/Main:
Das Gotteshaus in der Unterwelt

Eine Prozession, die von der Kirche in die Unterwelt führt, wo dann in einer Höhle eines Heiligen gedacht wird: Das gibt's nur einmal in Bayern, und zwar im Ortsteil *Homburg* der Marktgemeinde *Triefenstein am Main* (zwischen Wertheim und Marktheidenfeld).

Tropfsteinhöhlen sind im fränkischen Jura zwar sehr häufig, aber hier – im fränkischen Muschelkalk – dürfte diese *Burkardus-Grotte* die einzige weit und breit sein. Benannt wurde sie nach St. Burkardus, dem ersten Bischof von Würzburg (ca. 690–753). Er war ein Benediktinermönch von angelsächsisch-adeliger Abkunft und kam um 730 aus England ebenso wie der bekanntere hl. Bonifatius als Missionar ins Frankenreich. 742 wurde er zum Bischof geweiht und lebte von da an in Würzburg. Zweimal reiste er nach Rom, davon einmal sogar in einer diplomatischen Mission.

Schon in sehr frühen Urkunden und Chroniken sind mehrere *Homburger Tropfsteinhöhlen* als Wohn- und Klosterzellen frommer Mönche erwähnt. Eine davon, so vermutet man, diente später als Krypta unter der Schloßkirche. Erst beim Neubau des jetzigen Schlosses wurde die Gruft von der Schloßkapelle abgeschottet und der jetzige Eingang freigelegt.

Die Legende berichtet, der heilige Burkard sei hier auf einem seiner Visitationsgänge durch noch heidnisches Gebiet von Gegnern des Christentums verfolgt worden. Vor Anbruch der Nacht konnte er sich nach Homburg retten, aber selbst in dieser Burg fühlte er sich nicht ganz sicher. Deshalb habe er sich in die später nach ihm benannte Tropfsteinhöhle geflüchtet. Am nächsten Morgen soll es den Verfolgern gelungen sein, tatsächlich in die Burg einzudringen. Bei der Suche nach ihrem Opfer kamen sie auch zum Höhleneingang – aber den hatte mittlerweile eine Spinne mit ihrem großen Netz so dicht überspannt, daß die Banditen annahmen, hier könne in letzter Zeit kein Mensch hineingeschloffen sein. Dieses kleine Wunder rettete dem Heiligen nach der Legende das Leben. Andere Mirakel sollen sich später in seiner Grotte zugetragen haben: Durch ein Wasser, das aus den Felsen tröpfelt, sind angeblich viele staunenswerte Heilungen geschehen. Besonders bemerkenswert war der Fall einer Schiffmannsgattin aus Würzburg, die in schwerer Krankheit gelobte, im Fall ihrer Heilung ein Bildnis des Heiligen in der Grotte aufzustellen. Das tat sie im Sommer 1721. Als im selben Jahr die Höhle im Auftrag von Fürstbischof Johann Philipp von Schönborn zur Kirche geweiht worden war, ging's mit dem Andrang von Wallfahrern steil bergauf. Zur linken Seite der Gruft träufelte Wasser aus dem Gestein, das sich bis heute in einem Becken sammelt. Viele Gläubige betrachteten es als wundertätiges Heilmittel, vor allem bei Augen- und Ohrenleiden. Noch 1853 berichtete ein geistlicher Herr im Würzburger Katholischen Sonntagsblatt von einem Besuch in der Burkardus-Gruft und erwähnte dabei auch »ein Brünnlein, gefüllt mit einem reinen, frischen, nie abstehenden Wasser, das fromme Augenkranke so gerne und vertrauensvoll gebrauchen«.

Altar in der Burkardus-Grotte

In der Säkularisation wurde 1803 das Augustiner-Chorherrenstift Triefenstein aufgelöst – und von da an war's auch mit den Wallfahrten bald vorbei; die Höhle verkam immer mehr. Bei Renovierungsarbeiten Anfang dieses Jahrhunderts wurden leider viele Tropfstein-Stalaktiten abgeschlagen, aber dafür die Kuppel gesichert. Eine Kirche ist die Höhle noch heute: Auf dem »neuen« Altar von 1611 steht eine Büste des heiligen Burkardus, und daneben verkündet eine Steintafel, daß er sich im Alter zum Sterben hierher zurückgezogen habe. Was vielleicht ebensowenig ganz stimmt wie das eingemeißelte Todesjahr 754.

Wallfahrten nach Homburg gibt's heute nicht mehr – wohl aber eine *Prozession,* die jedes Jahr zum Fest Burkardi, dem Homburger Patrozinium, stattfindet: entweder am 14. Oktober oder am darauffolgenden Sonntag. Da wird die Schar der Gläubigen mit Musik in den Untergrund geleitet.

Besichtigung: Wer zu anderen Jahreszeiten vorbeikommt, muß auf dieses Erlebnis zwar verzichten, kann sich aber im Pfarrhaus den Schlüssel zur Pforte in die Unterwelt holen.

Zu erreichen: Triefenstein erreicht man leicht auf der A3 (Ausfahrt Wertheim, von da wenige Kilometer auf einer Landstraße).

Auskunft: Gemeindeverwaltung, Rathausstraße 2 in 8771 Triefenstein, Tel. 09395/8074.

In Bamberg:
Die Katakomben unter dem »Fränkischen Rom«

Das »Fränkische Rom« wird Bamberg wegen seiner Hügel und den vielen schönen Kirchen oft genannt. Aber noch eine andere Parallele gibt es: Wie die Ewige Stadt hat auch das tausendjährige Bamberg ausgedehnte Katakomben. Mit dem Unterschied freilich, daß hier niemals verstorbene Frühchristen begraben wurden.

Ganz im Gegenteil: Hier wurde was rausgeholt. Entstanden sind die etwa drei Dutzend Stollen unter der Stadt (insgesamt etwa 10 km lang) ursprünglich als Bergwerk für Sand, der aus dem weichen Keuperstein herausgekratzt wurde: Scheuersand, den man ehedem im Haushalt zur gründlichen Reinigung verwendet hat, als es chemische Wundermittel noch nicht gab. Offenbar scheint dieser Schrubbsand ein Bamberger Exportartikel gewesen zu sein, denn solche Unmengen, wie sie hier herausgeschürft wurden, hätte man in der damals ja noch weit kleineren Stadt bei aller Reinlichkeit kaum verputzen können. Was den Schluß nahelegt, daß der Bamberger Sand nach anderswo verscheuert und verscherbelt wurde.

Später nutzte man die so entstandenen Hohlräume als gleichmäßig temperierte Lagerkeller für Lebensmittel, zunächst vor allem für Wein, denn bis zum 17. Jahrhundert wurden hier in großem Umfang Reben angebaut. Erst nach der Vernichtung vieler Weingärten im 30jährigen Krieg verlegte man sich aufs Bierbrauen. Im 18. Jahrhundert sorgte der damalige Regent, Fürstbischof von Seinsheim, durch Steuerbegünstigungen dafür, daß Bamberg endgültig zu einer bedeutenden Bierstadt wurde (auch heute gibt's dort noch mehr Brauereien als etwa in München, wenn auch weit kleinere). Und weil immer mehr Brauereien so zunehmend erfolgreich waren, wurde vor allem der *Stephansberg* immer tiefer ausgehöhlt, um weiteren Lagerraum zu gewinnen.

Solche Stollen unter der Erde waren damals ja die einzige Möglichkeit, Bier frisch zu halten, bevor der Münchner Professor Carl von Linde seine »Kältemaschine« erfunden hatte. Als dann aber Bierkeller durch die künstliche Kühlung ersetzt wurden, hatte man die Bamberger Katakomben fast vergessen (lange Zeit wurden sie kaum noch genutzt und blieben leer). Ab 1941 baute man die Stollen zu Luftschutzkellern aus. Ein Behelfssteg über den linken Regnitzarm sollte den Bewohnern der Inselstadt im Ernstfall eine rasche Zuflucht unter die Erde ermöglichen. 1943 verlegte man auch Rüstungsbetriebe, die örtliche Luftschutzleitung, die Kreisleitung der NSDAP und riesige Lebensmittelvorräte dort hinein. Der massiven Bombardierung im Frühjahr 1945 hielt der größte Teil von Bambergs Katakomben zwar stand. Aber ein Volltreffer auf den Stephansberg durchschlug im Februar 1945, wenige Wochen vor Kriegsende also, die Decke des dortigen Luftschutzbunkers, und das kostete vielen Menschen das Leben.

21 Jahre nach Kriegsende brach im März 1966 plötzlich ein Auto samt Fahrer am Stephansplatz in die Tiefe: Ein sechs Quadratmeter großes und vier Meter tiefes Loch hatte sich unter ihm aufgetan. Wie sich später herausstellte, hatte man just dort während des Krieges einen der in aller Eile unsachge-

Alte Bierbanzen in den Bamberger Katakomben

mäß angelegten Verbindungsgänge vorgetrieben. Außerdem waren Teile des Stollensystems durch das Bombardement eben doch etwas zermürbt worden, und schließlich taten noch jahrelange Erschütterungen durch den zunehmenden Verkehr ihre Wirkung. Um weiteren Schäden vorzubeugen, werden nun seit 1981 Bambergs Katakomben systematisch erforscht, katalogisiert und in Zusammenarbeit mit Bund und Land gesichert. Genauer gesagt: Wo Einsturzgefahr besteht, bringt man im Torkretierungsverfahren eine Spritzbetonschale mit Stahlarmierung an. Im Endergebnis werden 30000 unterirdische Kubikmeter mit einem Aufwand von mehr als drei Millionen Mark saniert sein.

Besichtigung: Für Besucher gibt es zwei Möglichkeiten, Bambergs Katakomben zu besichtigen: Erstens die Stollen-Befahrungen durch die Bamberger Volkshochschule, für die man sich im Sekretariat anmelden muß (Tel. 0951/871109). Es gibt etwa ein Dutzend Termine pro Semester, die schon lange im voraus feststehen. Andererseits können Gruppen (pro Führung etwa 25 Leute) Befahrungen zu anderen Zeiten vereinbaren (Dauer etwa 90 Minuten). Kontaktadresse hierfür: Abteilung Umwelt-, Brand- und Katastrophenschutz, Rathaus am Maxplatz in 8600 Bamberg. Tel. 0951/871730 (Herr Müller).

In Bayreuth:
Die Kunst-Grotte des Zauberers

Das Haus Brandenburger Straße 36 im Bayreuther Vorort St. Georgen ist ein wunderschönes kleines Palais im Stil der Renaissance und aus dem honigfarbenen Sandstein dieser Gegend gebaut. Und es sieht nicht nur gut aus, sondern da finden auch sehr interessante Veranstaltungen statt. Einmal handelt es sich um ein Kunstauktionshaus (Waltraud Boltz), das sich sehr erfolgreich auf eine Reihe von Spezialgebieten verlegt hat. Das reicht von altem Spielzeug bis zur präkolumbianischen Kunst, von Andachtsbildern bis zu historischen Schreibmaschinen oder vom Christbaumschmuck bis zu Filmplakaten. Außerdem gibt's hier einen kleinen Konzertsaal, in dem hauptsächlich Klavier und Liederabende stattfinden. In einem »Cabinet de fleurs« genannten Wintergarten mit Palmen und tropischen Pflanzen finden in kleinem Kreis Dichterlesungen und Diskussionsabende statt. Dazu kommt ein kleiner Verlag für bibliophile Editionen und unterm Dach ein Spielzeugmuseum – klein aber fein. Auch das Steinkunstatelier des Bildhauers Wo Sarazen (alias des Mitinhabers Werner Baumann) bietet Objekte, wie man sie nicht jeden Tag zu sehen kriegt. Auf einen kurzen Nenner gebracht könnte man sagen: Das ist ein kleines, aber vielseitiges privates Kulturzentrum.

Alles sehr schön – aber das wäre noch längst kein Grund, darüber ausgerechnet in diesem Buch zu berichten. Doch dieses Haus in Bayreuth hat auch noch seine eigenen *Katakomben.* Das heißt: Unter dem Grundstück sind mehrere verzweigte Gänge in einer Gesamtlänge von 200 Metern gefunden und freigelegt worden. Ähnliche Stollen gibt es in der Gegend noch an mehreren Stellen, was die Vermutung nahelegt, daß diese Bruchstücke mal zusammenhängend gewesen sein könnten. Irgendwann zu markgräflichen Zeiten wurden diese Gänge angelegt, aber wann genau und vor allem wozu, das ist nicht geklärt. Möglicherweise handelte es sich um geheime Verbindungs- oder auch Fluchtwege zwischen der Residenz in der Stadtmitte Bayreuths und den Schloßanlagen draußen in St. Georgen. Was auch immer früher gewesen sein mag: Heute nennt Baumann/Sarazen die Kavernen unter seinem Grundstück Kellerkunstmuseum oder auch »Die Grotte des Zauberers«. Das heißt: In den Gängen untertage werden – effektvoll ausgeleuchtet – Skulpturen und Objekte aus dem Sarazen-Atelier ausgestellt. Viele davon haben recht eigenartige Titel, zum Beispiel: »Hagen von Tronje führt die Nibelungen in den Kampf«. Ein Eisenobjekt mit Gitterkäfig heißt »Aufbruch in eine neue Zeit«, eine Pyramiden-Installation nennt sich »Am Ende des Universums«, aus alten Schaufel- und Spatenblättern machte der Künstler eine »Straße der Traumgesichte«, aber manchmal wird er auch politisch-satirisch, z.B. mit »Bonner Spätlese« oder »EG-Scherbenhaufen«. Neben vielen Eisenplastiken gibt es schließlich noch eine »Surrealistische Abteilung« – etwa in der Art von Dali oder Max Ernst. Der Clou: Alle diese Kunstwerke werden nicht konserviert; sie sollen in der feuchten Stollenluft nach und nach altern, rosten und eines Tages verrotten. Nach all dem wird man dem »Magier« Werner Baumann kaum widersprechen wollen, wenn er sagt, seine *Grotte des Zauberers,* dieses Kellerkunstmuseum, sei vermutlich einmalig in der Welt.

Was auch nicht jeder hat, und was hier an die Wagner-Festspielstadt erinnert: Das »Wotansgehege« im Garten. Dort leben zwei Kolkraben mit den Namen »Hugin« und »Munin« aus der nordischen Mythologie. Raben waren ja auch »Haustiere« bei Odin (Wotan), die auf seiner Schulter saßen und ihm alles erzählten, was auf der Erde vorfiel. Den beiden scheint es in ihrer Freiflugvoliere gut zu gehen – jedenfalls brüten sie alle Jahre wieder Nachwuchs aus.

Besichtigung: Wer das alles sehen will: Vom Kellerkunstmuseum bis zum Spielzeugmuseum unterm Dach und von der Steinkunst bis zu den Raben finden von Montag bis Freitag zwischen 10 und 12 sowie 14 und 17 Uhr Gruppenführungen statt (ab 10 Personen), nach Vereinbarung auch Samstag und Sonntag. Was aber, wenn jemand keine Zehnergruppe zusammenbringt, sondern nur im kleinen Familienverband oder gar allein was sehen will? Dann ist er auch willkommen, wobei der Hausherr allerdings in solchen Fällen darum bittet, möglichst vorher anzurufen. Tel. 0921/20616.

Silbereisenbergwerk in Fichtelberg:
Erzbergbau seit 500 Jahren

Was ist »Silbereisen«? Auf jeden Fall in den meisten Lexika nicht zu finden. Aber was für ein geheimnisvolles Metall das auch sein mag: Geben muß es sowas. Denn im Fichtelgebirge kann man heute noch in das *historische Silbereisenbergwerk Gleißinger Fels* einfahren. Es ist mit seiner über 500jährigen Geschichte das älteste Bergwerk in dem an derlei Gruben ziemlich reichen Nordbayern, bezeichnet sich als das einzige allgemein zugängliche Silbereisenbergwerk der Welt und als ein »Erzbergwerk mit einzigartigem mittelalterlichen Flair«. Die Grube liegt im Ochsenkopfmassiv.

Laut Urkunde des Kurfürsten Philipp von der Pfalz hatte das Bergwerk 1978 seinen 500. Geburtstag. Einst hieß es noch sehr poetisch »Gottesgab' am Gleißenfels«. Zunächst war das allerdings ein »Tagverhau«, also mit kleinen und nur wenige Meter tiefen offenen Schürfgruben. Ebenso primitiv wurde das abgebaute Erz an Ort und Stelle in kleinen Zerrennherden mit Holzkohle ausgeschmolzen. Erst als der Hüttenmeister Johann Glaser (gegenüber dem Parkplatz hat man ihm vor dem Bergwerk ein Denkmal gesetzt) einen Hochofen errichtete, ging's mit dem Bergbau richtig in die Tiefe. Gar so hoch war ein Hochofen damals freilich auch wieder nicht, jedenfalls ein Zwerg, verglichen mit den modernen 50 m hohen Eisenkochern im Ruhrgebiet und anderswo. Immerhin hat man in Fichtelberg aber einen Weg nach diesem historischen Hochofen benannt und dort auf die Mariensäule eine Madonna aus Fichtelberger Erz gestellt.

Das erschmolzene Roheisen wurde in »Frischfeuern« zu Halbzeug, also zu Schmiedeeisen, Blech und Drahteisen verarbeitet. Und daraus machten Dutzende von Hammerwerken in der Umgebung von Fichtelberg Eisenwaren, die weithin guten Absatz fanden. Allerdings nur so lange, bis im vergangenen Jahrhundert an der Ruhr der bessere Kokshochofen aufkam. Da schließlich mit den neuen Eisenbahnen dieses billigere Eisen bis nach Süddeutschland gelangte, konnte das Montanrevier Fichtelberg damit nicht mehr konkurrieren. Aber es fanden sich danach andere Verwendungsmöglichkeiten für das Erz aus dem Gleißinger Fels: Man gewann aus dem zerpochten und mit Wasser angereicherten Erz reines *Silbereisen.* Das wurde mit Öl versetzt und als hochwertiges Rostschutzmittel gut verkauft. Viel Absatz gab's für das Material auch in der Brokatdecken-Herstellung. Das wäre vielleicht noch eine gute Weile so geblieben, wäre nicht 1938 Österreich als deutsche Ostmark »heim ins Reich« geholt worden. In Kärnten gab es nämlich eine viel reichere Lagerstätte, gegen die sich Fichtelberg nicht dauerhaft behaupten konnte, zumal das Regime des Dritten Reichs die neu erworbenen Vorkommen bevorzugte. Die Folge: Das Bergwerk Gleißinger Fels lag Jahrzehnte ziemlich brach, bis es 1979 als Besucherbergwerk wiedereröffnet wurde. Noch heute gehört es aber einer österreichischen Gesellschaft, nämlich der Farben AG in Klagenfurt.

Die rund 25 000 Besucher jährlich werden zuerst einmal in einer Tonbildschau auf ihre Grubenfahrt vorbereitet. Und dann geht's hier wirklich zünftig zu, d.h. jeder kriegt eine echte Grubenlampe in die Hand und einen Helm mit Grubenlicht auf den Kopf. Die Grubenlampe und die Schutzkleidung muß man am Schluß wieder abgeben, den Helm jedoch kann man als Souvenir kaufen, ebenso ein Stück Silbereisen aus dem Gleißinger Fels, oder gar Golderz, das man hier in kleinen Mengen ebenfalls gefunden hat.

Der Führer zeigt und erklärt »vor Ort«, wie hier einst auf verschiedenen Sohlen das Erz abgebaut und gefördert wurde. Gleich zu Beginn der etwa eineinviertelstündigen Untertagetour wird was ganz Besonderes gezeigt. Die Silbereisenlagerstätte ist nämlich vom sogenannten Steinachgranit umhüllt, einem Mineralgemenge aus Quarz, Glimmer und besonders grobkörnigem Feldspat. Dieses Material wird durch Sickerwässer ziemlich leicht zersetzt. Der Steinachgranit ent-

Schachtkammer im Besucherbergwerk Fichtelberg

hält geringe Eisenmengen, die sich im Wasser lösen und dann in konzentrierter Form, z.B. entlang feinster Haarrisse, in braunen Farbtönen ausgefällt werden. Und so hat hier seit über 20 Millionen Jahren die Natur interessante Formen und Figuren gezeichnet und gemalt (und tut das auch heute immer noch). Im »Ankehrstollen« sind sie so schön erschlossen, wie man sowas – laut Infoblatt – mindestens in ganz Mitteleuropa sonst nirgends zu sehen kriegt. Um diese Höhlenzeichnungen besser zu erhalten, wird der Stollen den ganzen Winter hindurch beheizt.

Als nette Geste läßt die Bergwerksdirektion zum Schluß der Führung allen Besuchern ein Gläschen Hochprozentiges reichen. Damit trinkt man auf die heilige Barbara, die Schutzpatronin der Bergleute, und zwar zum Dank dafür, daß die ganze Gruppe wieder heil ans Tageslicht gekommen ist.

Besichtigung: Die Führungen im Gleißinger Fels finden vom 1. April mit 31. Oktober täglich zwischen 10 und 17 Uhr statt, ebenso in den Weihnachtsferien. Ansonsten von November bis März für Einzelbesucher nur an Samstagen, Sonn- und Feiertagen. Gruppen können nach Anmeldung das ganze Jahr hindurch einfahren. Auskünfte: Tel. 09272/848.

Zu erreichen: Fichtelberg erreicht man am besten über die A 9 bis Ausfahrt Bayreuth Nord und von dort weiter auf der Staatsstraße über Weidenberg und Warmensteinach. Oder noch zügiger: Bis zur Ausfahrt Bad Berneck, von dort weiter auf der B 303 in Richtung Marktredwitz.

Umgebung: Wer nach der Führung und vor der Heimfahrt noch Zeit hat: Man kann einen Spaziergang auf den Ochsenkopf machen, vorbei an alten Tagebauen, in denen jahrhundertelang Protoberas (= grüner Porphyr) gewonnen wurde. Von Fleckl aus geht aber auch ein Sessellift hinauf. Hübsch auch der gut ausgeschilderte Weg zum Fichtelsee.

Übrigens: Auf dem Vorbeiweg könnte man sich in Bayreuth nebst einigen anderen Sehenswürdigkeiten auch noch die Kunst-Grotte anschauen (siehe Seite 31).

Tropfsteinhöhle in Pottenstein (Fränkische Schweiz): Der Riesenbär im Teufelsloch

»Land der Burgen, Höhlen und Mühlen« nannte der Dichter Josef Heller schon vor 165 Jahren die Gegend um den jetzigen Naturpark Fränkische Schweiz-Veldensteiner Forst. In der Tat: Burgruinen gibt's hier reichlich, alte Mühlen auch noch ziemlich viele – und die Höhlen liegen in Deutschland selten anderswo so dicht beisammen wie hier. Das ergab sich aus der geologischen Entstehungsgeschichte dieser ganzen Region vor etwa 140 Millionen Jahren. Damals bildeten sich hier Gesteine im Meer des oberen Jura, die jetzt die höchsten Schichten der Fränkischen Schweiz sind. Im flachen Jurameer bauten Kieselschwämme zahllose Riffe auf – heute noch als massige Dolomitfelsen ein besonderes Kennzeichen dieser Gegend. Weil diese steil aufragenden Felsen gegen die Verwitterung widerstandsfähiger sind als die Kalkbänke drumherum, entstanden durch Auswaschungen und Verwerfungen viele Höhlen.

Das alles war den Geologen längst bekannt. Und trotzdem: Von der größten Schauhöhle Deutschlands bei *Pottenstein* wüßten wir vielleicht fast nichts, wäre da nicht der Professor Dr.-Ing. Brand gewesen, dem die Stadt Pottenstein für seine Verdienste am Eingang zur Höhle 1961 eine Bronze-Gedenktafel enthüllte. Diesem Mann nämlich war es zu verdanken, daß heute Jahr für Jahr Abertausende durch die ausgedehnten Tropfstein-Formationen wandern können. Und über solche schrieb schon 1774 der Pfarrer Johann Friedrich Esper nach dem Besuch anderer Höhlen: »Wie die Werkstätte eines wahnsinnigen Bildhauers« sei ihm das alles vorgekommen.

Noch vor 60 Jahren wußte man in Pottenstein nicht, daß man im Ortsbereich auch so eine »Werkstatt« hatte – und was für eine! Da klaffte zwar ein riesiges Loch, und der schon vorhin erwähnte Dichter und Chronist Joseph Heller berichtete 1829, dies sei eine Höhle, »in welche man mit einer Fuhre Heu einfahren kann« – nur halt nicht sehr weit. Denn schon nach 80 m war damals Schluß, weshalb man diesen kurzen Gang ins Erdinnere denn auch gar nicht groß als Höhle bezeichnete, sondern nur vom *Teufelsloch* sprach. Obwohl sehr erfahrene Speläologen vor ihm sonst nichts gefunden hatten, war Prof. Brand aufgrund eigener Forschungen anderswo überzeugt: Das kann hier unmöglich alles sein. Seine Theorie lautete: Diese Höhle war ehemals das alte Bett eines großen unterirdischen Flusses, der sich in grauer Vorzeit hier einen Durchbruch ausgespült hatte. Die scheinbare Rückwand des Teufelslochs sah Brand nur als einen Felsversturz an, hinter dem sich das einstige Flußbett fortsetzen mußte. Brand wandte zur Erschließung als erster moderne technische Mittel an, die damals unter Speläologen noch höchst umstritten waren – aber der Erfolg gab ihm recht: Er fand nicht nur die Fortsetzung des Teufelslochs, er konnte die Höhle auch nach und nach 1500 m weit in den Berg hinein für Besucher zugänglich machen.

Heute kann man diese unterirdische Märchengrotte in 40minütigen Führungen ohne große Anstrengung und risikolos durchwandern – dafür sorgen viele Treppen und Geländer und die gute Beleuchtung. Die schönsten Stalaktiten-

und Stalagmiten-Gruppen wurden mit phantasievollen Namen belegt. Da gibt's zum Beispiel einen Dom und eine Papstkrone, eine Bären- und Nibelungengrotte, den Barbarossadom und -bart, die Drei Kaiser mit der Hexenschlucht, den Goliath, den Kerzensaal und die Pagode. Wirkt schon der Barbarossadom mit seinen 45 m Länge, 18 m Breite und bis zu 15 m Höhe sehr eindrucksvoll, so noch mehr die größte Grotte, der Riesensaal: Der ist so geräumig, daß eine Dorfkirche locker in ihm Platz hätte. Hier drin findet sich noch eine Besonderheit: Ein steilwandiger Sinterkegel, der – umhüllt von einem Tropfsteinmantel – bis zur Decke reicht; zusammen mit dieser sieht er wie ein versteinerter Baum aus. Im selben Raum steht auch der größte Tropfstein der Höhle, der Goliath (den man nicht grundlos so genannt hat). Sein Alter wird auf 1 Million Jahre geschätzt.

Wesentlich »jünger« sind die fossilen Knochen von allerlei Tieren, die man hier gefunden hat. Viele stammen bereits aus der Würmeiszeit – d.h. zu Beginn unserer Zeitrechnung steckten sie bereits seit 8000 Jahren im Höhlenlehm, der sie vor der Verwesung bewahrte. Besonders auffällig ist die große Menge Bärenknochen in dieser Höhle. Man fand dermaßen viele, daß der Münchner Paläontologe Prof. Schlosser daraus ein komplettes Skelett zusammenbauen konnte. Und so steht nun der Höhlenbesucher plötzlich vor diesem Knochenkoloß, der 3 m lang ist und zu Lebzeiten samt Fleisch und Fell schätzungsweise acht Zentner auf die Waage gebracht hatte.

Umgebung: Der Luftkurort Pottenstein hat neben seiner größten und tiefsten Attraktion auch noch viel schönes Fachwerk zu bieten, vor allem aber eine tausendjährige Burg hoch über der Stadt, die einst schon der hl. Elisabeth von Thüringen Schutz und Zuflucht bot. Erbaut wurde sie wahrscheinlich schon im 11. Jahrhundert durch einen Herrn Bodo von Kärnten (daher »Bodinstein«, woraus allmählich der heutige Name entstand). Im Stadtteil Tüchersfeld wurde vor einigen Jahren im sogenannten »Judenhof« das Fränkische-Schweiz-Museum eingerichtet. Von den früheren Bewohnern ist noch eine kleine Synagoge erhalten – darin findet man heute eine Info-Ausstellung über den jüdischen Glauben und seine Riten. Und noch eine Attraktion, auf die man in Pottenstein – sehr zu recht – stolz ist: Das herrliche Felsenschwimmbad, eines der schönsten Freibäder Deutschlands, das bereits 1926 von Prof. Brand entworfen und geplant wurde – von eben jenem Mann also, dem die Pottensteiner auch die Erschließung der Teufelshöhle verdanken.

Übrigens: Ganz in der Nähe, bei Ahorntal, ist hier noch die nicht ganz so berühmte, aber auch sehr interessante *Sophienhöhle* – die könnte man bei der Gelegenheit auch noch »mitnehmen«. (Siehe Seite 47)

Zu erreichen: Am schnellsten kommt man hierher auf der A 3 bis Ausfahrt Höchstadt-Ost oder von der A 9 (Ausfahrt Pegnitz) und der A 37 (Ausfahrt Forchheim) über die B 470.

Besichtigung: Führungen in der Teufelshöhle finden von Ostern bis Anfang November täglich zwischen 9 und 17 Uhr statt.

Auskunft: Tel. 09243/208 Höhle oder 09243/833 Städt. Verkehrsbüro.

Tropfsteinhöhle in Streitberg (Fränkische Schweiz):
Höhlenfahrten – auch mal bäuchlings

Daß das Muggendorfer Gebirge zu den unterhöhltesten Gebieten Bayerns zählt, weiß man schon lange. Allerdings heißt die Gegend heute nicht mehr so, sondern wird sehr viel werbewirksamer »Fränkische Schweiz« genannt. Dort gibt es in Pottenstein zwar die besonders bekannte Teufelshöhle – aber als weit schöner rühmt der Nürnberger Forscher Dr. Kellermann die *Binghöhle:* »Andere Höhlen übertreffen diese wohl an Weite der Hallen, aber keine der bekannten Höhlen der Fränkischen Schweiz reicht an sie nur entfernt hin, an Mannigfaltigkeit und Schönheit der hier meist in handgreiflicher Nähe vor uns stehenden Tropfsteinausscheidungen, aus keiner kennt man so glänzende Kristallbildungen und so zierliche, durchscheinende Stalagmiten aus reinem Kalkspat, nirgends finden sich so mannigfaltige Sinterbecken. Man wird weit reisen müssen, bis man etwas dieser Höhle Ebenbürtiges findet.« Aber warum denn in die Ferne schweifen – die Binghöhle liegt ja so nahe, nämlich bei den hübschen und ältesten Luftkurorten der Fränkischen Schweiz: Streitberg und Muggendorf im Städtedreieck Nürnberg–Bamberg–Bayreuth.

So wie das Saxophon nach Herrn Sax oder das Volt nach Graf Volta benannt wurden, so heißt die Binghöhle nach dem Geheimen Kommerzienrat Ignaz Bing aus Nürnberg, der sie 1905 entdeckt und erschlossen hat. Im Gegensatz zu anderen Jura-Höhlen zieht sich diese Tropfstein-Galeriehöhle (400 m

Riesensäule in der Binghöhle

lang) nicht durch Schwammkalk oder Dolomit-Gestein, sondern durch geschichteten Kalk. Dem Entdecker Bing war's ursprünglich weniger auf die besonderen unterirdischen Schönheiten und geologischen Befunde angekommen, sondern auf prähistorische Relikte, die er hier auch tatsächlich fand, und die den Schluß zulassen, daß diese unterirdischen Schlupflöcher in grauer Vorzeit bewohnt gewesen waren.

Die Binghöhle untergliedert sich in mehrere Räume mit so schönen Namen wie Venusgrotte, Kerzensaal, Fantasia,

Kristallgrotte in der Binghöhle

Nixengrotte oder Diamantfelsen. Und seit 1908 gibt's mit allerhöchster Genehmigung auch eine Prinz-Ludwig-Grotte, einfach deshalb weil Bayerns letzter König – damals noch Thronfolger – 1908 hier gewesen war. In der Nixen-Grotte kann man übrigens das Entstehen von Kristallen in einem wassergefüllten Sinterbecken beobachten. Dazu der schon mal zitierte Dr. Kellermann: »Wir befinden uns gegenüber einem der geheimen Laboratorien der Natur, wo die Kristalle wachsen, ein Anblick, der selten einem menschlichen Auge geboten wird.« Ins Gästebuch hat ein begeisterter Besucher diese Zeilen eingeschrieben: »Wenn alsdann, nach träumerischem Wandern, / ans Tageslicht du trittst: Erzähl den andern, / du habest hier tief in des Berges Nacht / gesehen eines Zaubermärchens Pracht!«

Besichtigung: Zu besichtigen ist diese Pracht ohne besondere Ausrüstung zwischen dem 15. März und dem 1. November täglich von 8 bis 17 Uhr; die Führung dauert 30 bis 40 Minuten.

Zu erreichen: Man erreicht Streitberg und Muggendorf am besten auf der A 9 (Ausfahrt Pegnitz) oder über die A 73 (Ausfahrt Forchheim) und dann jeweils weiter auf der B 470.

Umgebung: Wer's nicht so spaziergängerisch, sondern erlebnisreicher haben möchte, dem bietet man hier mehrmals von Mai bis September ein Wochenende mit Höhlenabenteuern. Da sieht man zwar auch die Binghöhle, befährt aber mit einem Führer außerdem zwei weitere Höhlen, wobei Befahren heißt: kriechen und robben durch enge Schlünde und Schlüffe, gelegentlich auch mal bäuchlings durch Wasserlachen. Neben Strapazierkleidung und festen Schuhen muß man dazu eine gute Taschenlampe mitbringen, wogegen der Höhlen-Abenteurer den Schutzanzug samt Helm vor Ort geliehen bekommt.

Auskunft: Anfragen wegen Terminen, Kosten usw. an das Verkehrsamt Muggendorf-Streitberg, Marktplatz 1, 8551 Wiesenttal, Tel. 09196/717 und 346.

Tropfsteinhöhle in Ahorntal (Fränkische Schweiz):

Eine Schauhöhle für die Schwiegertochter

Springschwänze (Collembolen), Ruderfußkrebse oder einen seltenen Strudelwurm mit dem schönen lateinischen Namen Fonticula vitta: Wer sowas mal sehen will, wird in irgendeinem Tierpark kaum Glück haben, wohl aber vielleicht in der *Sophienhöhle,* einer der schönsten *Tropfsteinhöhlen* Deutschlands in der Gemeinde Ahorntal (Fränkische Schweiz). Dort leben solche Tierchen nämlich in einigen Sinterbecken, und im Bereich der installierten Beleuchtung ist auch die sogenannte Lampenflora anzutreffen: Algen, Moose und Farnpflanzen.

Gekannt und als Unterschlupf benutzt haben mindestens den Vorraum dieser Höhle schon Menschen der Jungstein- und der Bronzezeit. Darauf deuten viele Spuren hin. Erst sehr viel später, aber immerhin doch schon anno 1490 kommt sie erstmals in einer Urkunde vor – damals hieß sie allerdings noch Ahornloch. Und der Grund für die amtliche Erwähnung: Ein Bayreuther Bürger wollte aus dem Vorraum der Höhle Bodensedimente abbauen. Wie auch manche anderen glaubte der nämlich, aus diesem Material den raren Salpeter herstellen zu können – und der wiederum war das Rohmaterial für Schießpulver. (Daß das aber nicht ging, mußte gut hundert Jahre später in der Maximiliansgrotte [siehe Seite 54.] auch der Kurfürst Friedrich IV. von der Pfalz anno 1597 lernen, der außerdem vergebens versucht hatte, aus Tropfstein Gold machen zu lassen.)

Ein Pfarrer namens Johann Friedrich Esper, der überhaupt als Begründer der wissenschaftlichen Höhlenforschung in Franken bezeichnet wird, hat sich zwar schon 1788 als erster auch mit dem Ahornloch genauer befaßt. Aber sehr tief hinein wagte er sich wohl nicht – jedenfalls stehen als die eigentlichen Entdecker der drei Höhlenabteilungen erst 1833 ein Müller aus der nahegelegenen Neumühle sowie ein Gärtner aus dem gräflichen Schönborn-Schloß in den Annalen. Der Grundeigentümer Reichsgraf Franz Erwin Schönborn ließ daraufhin die Höhle für Besucher erschließen. Offenbar war er ein galanter Schwiegervater, denn gleichzeitig taufte er das Ahornloch auf den Vornamen seiner Schwiegertochter um. An der Gesamtlänge von ca. 260 m hat sich durch die Umbenennung freilich nichts geändert, und auch nicht daran, daß der dritte und hinterste Teil mit 42 m Länge, 25 m Breite und 11 m Höhe einer der größten Höhlenräume in Franken ist.

Außer den bereits erwähnten Springschwänzen, Ruderfußkrebsen und Strudelwürmern finden sich heute keine Tiere mehr in dieser Höhle. Aber das war nicht immer so, und früher, etwa bis zur letzten Eiszeit, wäre es manchmal vielleicht recht gefährlich geworden, sich da hineinzuwagen. Offenbar pflegten dort nämlich Höhlenbären (eine Abart der Braunbären) ihr Winterquartier zu beziehen. Und das wohl nicht nur gelegentlich, denn man fand noch die Überreste von mehr als drei Dutzend dieser Tiere, wobei es sich wahrscheinlich oft um altersschwache oder kranke gehandelt hat, die sich zum Sterben dorthinein zurückgezogen hatten. In versinterter Form wurde auch das Bruchstück eines Rentiergeweihs im ersten Höhlenraum entdeckt, aber das dürfte

In der Kunstgrotte Bayreuth (S. 31)

Tiefbohrung in Windischeschenbach (S. 50)

»Adler« in der Maximiliansgrotte (S. 54)

Orgelsaal in der Maximiliansgrotte (S. 54)

Tropfsteinpyramide im Schulerloch (S. 78)

Räuber-Heigl-Höhle bei Lam (S. 91)

Im Barbara-Verhau in Bodenmais (S. 95)

König-Ludwig-II.-Steinsalzgrotte im Salzbergwerk Berchtesgaden (S. 127)

In der Schellenberger Eishöhle (S. 133)

In der Schellenberger Eishöhle (S. 133)

wahrscheinlich nur der Überrest eines Beutestücks der Höhlenlöwen, Höhlenhyänen oder anderer Raubtiere gewesen sein.

Besichtigung: Die Höhle hat vom 1. April mit 31. Oktober geöffnet, und zwar täglich von 9.30–17 Uhr. Für Gruppen können auch andere Zeiten vereinbart werden. Auskünfte und Anmeldungen unter Tel. 09202/200 oder 340.

Zu erreichen: Nach Ahorntal kommt man am schnellsten auf der A9 (Ausfahrt Trockau).

Umgebung: Wer schon eine Ausfahrt früher nimmt (Pegnitz/Grafenwöhr), kommt über Pottenstein hin, wo man sich auch noch die berühmte *Teufelshöhle* anschauen könnte (siehe Seite 39). Und auch sonst kann man hier kleinere Höhlen »sammeln«, denn die ganze Gegend ist ja ziemlich löchrig: Allein in einem engen Umkreis um Pottenstein und Ahorntal finden sich außerdem noch die *Kammergrotten,* die *Esperhöhle,* eine *Bärenschlucht,* das *Schneiderloch* und die *Ludwigshöhle;* die ist benannt nach König Ludwig I., der 1830 dort von der Bevölkerung festlich bewirtet wurde. Wer so ein Höhlen-Picknick nachmachen möchte, kann das mit Einwilligung des Besitzers tun.

Ansonsten hat Ahorntal eine wunderschöne spätgotische Kirche in Volsbach zu bieten, ferner gleich zwei (allerdings bescheidene) Landschlösser, die mächtige Burg Rabenstein – und viel typische Jura-Landschaft drumherum.

Tiefbohrung bei Windischeschenbach (Oberpfalz):
Das interessanteste Loch der Welt

Der berühmte Minnesänger Wolfram von Eschenbach – wo stammte der her? Aus Eschenbach wohl, der Name sagt's ja – aber aus welchem? Das war lange Zeit umstritten. Gibt es doch in Bayern etliche Orte dieses Namens: Bei Lauf an der Pegnitz, bei Ansbach und dann noch jenes Eschenbach in der Oberpfalz, das nach dem einst dort ansässigen slawischen Volksstamm der Wenden den Vornamen Windisch- trägt. Dieses Windischeschenbach kam jedoch nach neueren Forschungsergebnissen für Wolfram nicht in Frage, und als Heimatort des Minnesängers ist mittlerweile jene mittelfränkische Gemeinde bei Ansbach anerkannt, die sich seitdem Wolframs-Eschenbach nennen darf.

Seit einigen Jahren hat nun allerdings auch Windischeschenbach in der Oberpfalz eine Besonderheit aufzuweisen, und zwar eine technische Attraktion, die – mindestens für ein paar Jahre – weit mehr Besucher anzieht als ein noch so berühmter Minnesänger des Mittelalters. Dort steht nämlich der höchste *Bohrturm* der Welt (mit 83 m höher als viele Kirchtürme), der seit 1990 und mindestens noch bis 1994 damit zugange ist, die *Kontinentale Tiefbohrung* (kurz KTB) niederzubringen. In dieses zweittiefste *Bohrloch* der Welt, das vorerst bis auf eine Teufe von 10000 m gehen soll (vielleicht dann auch noch bis 13000), kann natürlich kein Besucher einfahren wie in ein Schaubergwerk. Dagegen würde schon der Bohrlochdurchmesser von nur 38 cm sprechen, aber auch die Temperatur da drunten, die bei 6500 m Tiefe bereits runde 185 °C beträgt. Und dennoch scheint der Gedanke, daß da nun ein Bohrkopf bereits mehrere tausend Meter tief in die Erde vorgedrungen ist, viele Leute sehr zu faszinieren. Das Bundesministerium für Forschung und Technologie, das dieses Projekt mit insgesamt 550 Millionen Mark finanziert, stellt denn auch befriedigt fest: Die Tiefbohrung zählt zu den Großforschungsprojekten mit der höchsten Akzeptanz in der Bevölkerung. Im Vergleich zu anderen, zunehmend kritisch betrachteten Vorhaben, wie etwa der Raumfahrt, nehme das Interesse an den Vorgängen in der Erdkruste immer mehr zu. Wobei man zum einen sagen muß: Die 550 Millionen sind halt auch kein großes Geld im Vergleich zu den Milliardenbeträgen, mit denen Raumfahrt-Projekte veranschlagt werden. Und zweitens: Die Erde unter unseren Füßen ist uns eben sehr viel näher als der Weltraum außerhalb unserer Atmosphäre. Drittens aber: Diese ganze Sache ist keine bloße technisch-wissenschaftliche Spielerei ohne jeden Nutzwert, sondern hat einen sehr konkreten Sinn. Denn einmal glaubt man, durch dieses Anpiksen der Erdkugel in der Ursachenforschung für Erdbeben ein erhebliches Stück voranzukommen – und damit auch in der besseren Vorhersage solcher Gefahren. Außerdem erwartet man sich aber Aufschlüsse über das Vorkommen von Rohstoffen und deren umweltverträglichen Abbau. Und schließlich rechnet man auch noch mit neuen Erkenntnissen über die Nutzung geothermischer Energien – wohl nicht zu Unrecht, wie einige Zwischenergebnisse bereits zeigen. Aus allen diesen Gründen sagt der Diplomgeologe Dr. Dieterich, einer der wissenschaftlichen Leiter des Projekts: »Dies ist sicher das interessanteste Loch der Welt.« Manchmal spricht man auch von einem »Teleskop ins Erdinnere«.

Auch in technischer Hinsicht gibt es hier bereits Rekorde: Als die Bohrtiefe von 6000 m erreicht war, hatten die Meißel an der Spitze nur eine Abweichung von ganzen 8,5 m von der Senkrechten. Daß dies so gut wie gar nichts ist, zeigt der Vergleich mit der Kola-SG-3-Bohrung in Rußland: Dort kam man zuletzt zwar auf die bisherige Rekordtiefe von 12 000 m – aber das bei einer seitlichen Abweichung von fast 1 Kilometer. Eine weitere technische Sensation: Es ist hier gelungen, erstmals einen kompletten Bohrkern von fast 5 m Länge und 24 cm Durchmesser zu bergen. Das alles beschäftigt in Windischeschenbach rund 100 Mitarbeiter im Bohrbetrieb und im Labor und kostet täglich stolze 100 000 Mark. Es geht auch ziemlich langsam: Der Bohrfortschritt liegt bei nur 1,5 m pro Stunde. In jeder Minute pressen dabei Pumpen 2500 Liter Spül- und Kühlflüssigkeit in die Tiefe zum Bohrkopf- und trotzdem ist der Warzenmeißel nach jeweils 50 m Bohrfortschritt total abgenutzt. Dann muß er hochgezogen und ausgewechselt werden, und das dauert jedesmal einen ganzen Tag. Und manchmal geht halt auch was schief – so im August 1992, als durch nachbrechendes Gestein die Bohrung bei 6760 m für fast ein Vierteljahr gestoppt werden mußte.

Warum aber macht man das alles gerade hier? Bestimmt nicht, um einem Städtchen ohne viel sonstige Besonderheiten zu einem Touristen-Magneten zu verhelfen, sondern aus einem erdgeschichtlichen Grund: Just hier lag ursprünglich einmal die Nahtstelle der Kontinente Amerika und Afrika – auch wenn sich das der Laie heute kaum vorzustellen vermag. Aber es ist ja auch schon 300 Millionen Jahre her, daß sich diese riesigen Erdschollen gewaltsam gegeneinander schoben.

Damals kam in dieser Gegend Gestein aus über 30 km Tiefe an die Oberfläche, während gleichzeitig ein ganzes Meer untergebuttert wurde. Und dieses verschwundene (aber doch immer noch vorhandene) Urmeer wurde bei einer versuchsweisen Vorbohrung vor etlichen Jahren tatsächlich wiederentdeckt: Mit Salzwasser, das viele Jahrmillionen alt ist und sich da drunten mittlerweile auf 118 °C aufgeheizt hat.

Das Projekt lockt so viele Besucher an (allein in einem Jahr runde 50000), daß man 1992 ein Informationszentrum mit einer Ausstellung, aber auch mit Tagungsräumen für Wissenschaftler eröffnet hat.

Zu erreichen: Wem das Bohrloch mal einen Tagesausflug wert ist: Windischeschenbach erreicht man über Weiden, und dorthin kommt man je nach Ausgangspunkt am besten über die A93 von Regensburg oder über die A6 (Amberg).

Besichtigung: Das Informationszentrum auf dem Bohrgelände ist täglich (auch Sa. und So.) von 8–20 Uhr geöffnet. Für telefonische Anfragen: 09681/4000 (KTB-Infozentrum) oder 4010 (Stadtverwaltung).

Tropfsteinhöhle bei Königstein (Oberpfalz):
Ein »Eisberg« in der »Orgelhalle«

Knochen von Bären, Mammuts, Vögeln: sowas findet man häufig in Höhlen – sei es, daß es sich um Tierfriedhöfe oder aber um Mahlzeiten-Müll unserer Urvorderen handelt. In der *Maximiliansgrotte* bei *Krottensee* in der Oberpfalz entdeckte man jedoch menschliche Skelette, und zwar viel jüngeren Datums. Uniformknöpfe und Ausrüstungsgegenstände, die ebenfalls hier gefunden wurden, lassen darauf schließen, daß in das »Windloch«, den Einsturzschacht dieser Höhle, anno 1703 die Gefallenen eines Gefechts zwischen Bayern und Österreich (im Spanischen Erbfolgekrieg) hineingeworfen wurden. Freilich nicht ohne geistlichen Beistand, denn im Amberger Archiv liegt noch die quittierte Rechnung eines Pfarrers, der die Toten auszusegnen hatte. Einige der Knochenfunde sind am Höhlenausgang ausgestellt.

Viel sehenswerter als diese Überreste aber ist die *Tropfsteinhöhle* selber. In der an Karsthöhlen reichen Oberpfalz gilt sie als die wahrscheinlich schönste. Auf jeden Fall aber ist sie sehr groß: In mehreren Etagen reicht sie bis 70 m unter die Erde und verzweigt sich in Gängen und Hallen bis zu einer Gesamtlänge von 1200 m. In der »Orgelhalle« findet man den »Eisberg«, einen der größten Tropfsteine Deutschlands. Aber auch sonst sind die Tropfsteinformationen im »Leißnerdom«, in der »Adlergrotte«, der »Schatzkammer« und der »Schwarzen Halle« sowie der große See sehr sehenswert –

Deutschlands größter Tropfstein in der Maximiliansgrotte

vor allem bei der besonderen Ausleuchtung. Hier gibt es nämlich noch kein elektrisches Licht – an die Besucher werden für die Führung Karbidlampen ausgegeben.

Die erste urkundliche Erwähnung des »Windlochs« am Zinnberg geht auf das Jahr 1597 zurück. Damals kamen dem Kurfürsten Friedrich IV. von der Pfalz örtliche Sagen der Einheimischen zu Ohren: Von einem unterirdischen Palast mit herrlichen Bildwerken, Brunnen und reichen Schätzen. Da der hohe Herr stets in Geldnöten war, schickte er einen Amberger Goldschmied und einen Bergmann aus dem nahen Krottensee zweimal zur Erkundung hinunter. Was sie heraufbrachten, war allerdings nur eine »gelbe Materie«, aus der sich leider auch mit noch so viel alchemistischen Künsten kein Gold machen ließ. Auch der Versuch, aus abgeschlagenen Tropfsteinen (man sprach von »Salpeterspitzen«) Schießpulver herzustellen, mißlang gründlich. Letzter Versuch zur kommerziellen Nutzung: Der Kurfürst ließ von Leuten aus Krottensee wiederholt einen »prunnen« heraufholen, also Wasser aus den unterirdischen Sinterbecken. Nach heutigen Maßstäben würde man einen solchen Trunk als hygienisch eher bedenklich einstufen. Der Kurfürst aber wollte das Höhlenwasser als Wundermedizin verkaufen, was jedoch offenbar auch kein großes Geschäft wurde.

Daraufhin geriet die Höhle wieder in Vergessenheit, bis 1833 die etwas schwachsinnige Wirtsfrau Anna Maria Friedl spurlos verschwand. Erst nach tagelangem Suchen entdeckte man sie am Grund des Windlochs, durch das sie hinuntergestürzt war. (Damit sich sowas nicht wiederholen kann, wurde es längst massiv eingezäunt.) Es dauerte aber noch fast 20 Jahre, ehe am Silvestertag 1852 drei Männer aus Krottensee so mutig waren, in die Höhle einzusteigen. Dabei entdeckten sie eine Stelle nahe an der Erdoberfläche, wo sie den jetzigen Eingang durchbrachen – und damit begann die Erforschung und Erschließung. Nach den damals sehr bekannten Abenteurerbüchern eines englischen Schriftstellers namens Scott nannte man die Entdeckung zunächst »Deutsche Douglashöhle«, später »Wunderhöhle«, aber schließlich erhielt sie nach dem damals regierenden und beliebten König Max II. den Namen »Maximiliansgrotte«.

Zu erreichen: Am besten zu erreichen ist Krottensee auf der A 9 nach Berlin, Ausfahrt Plech. Von dort sind es auf der Landstraße über Neuhaus nur noch wenige Kilometer in Richtung Königstein. Da gleich neben der Höhle ein großes Gasthaus liegt, kann man bis dorthin fahren und gut parken.

Besichtigung: Die Höhle ist von Ostern bis Oktober geöffnet, Führungen finden täglich zwischen 9 und 12 sowie 13.30 bis 17 Uhr statt, am Sonn- und Feiertag durchgehend von 9 bis 18 Uhr. Auskunft: Höhlenpächter Erwin Lohner, Pension Krottenhof, 8574 Krottensee, Tel. 09156/434.

Umgebung: Wer viel Zeit mitbringt, kann hier auch noch einen *Karstkundlichen Wanderpfad* zu einigen weiteren Höhlen sowie zu anderen geologischen Phänomenen abgehen. Dieser Rundweg, mit grünem Punkt markiert, beginnt am Bahnhof Neuhaus und dauert (ohne Höhlenbesuche) 4 bis 5 Stunden.

Bei Schnaittach (Oberfranken):
Die Kasematten auf dem Rothenberg

Im Vorbeifahren auf der A 9 von Nürnberg nach Bayreuth ist vielleicht manchem schon mal ein etwas abseits hochragender Bergkegel aufgefallen, der durch ein ziemlich großes Bauwerk gekrönt wird. Daß es sich da – 200 m hoch über dem Talgrund – um die Ruinen einer großen Festung handelt, kann man erst sehen, wenn man bei der Ausfahrt Schnaittach die Autobahn verläßt und die paar Kilometer bis zum Ort fährt. Von dort führt eine schmale und etwas kurvige Fahrstraße hinauf auf den *Rothenberg* bis zu einem Parkplatz. Von dem aus wandert man dann auf einer Naturstraße noch etwa eine Viertelstunde bergan, bis man endlich vor dem großen Tor dieser gewaltigen Anlage steht. Oberirdisch ist davon zwar auch noch allerhand vorhanden bzw. seit etwa 100 Jahren vom Heimatverein Schnaittach und seit 1966 auch vom Bayerischen Staat konserviert und restauriert worden. Der (Unter-)Grund aber, wegen dem sich die Festung in diesem Buch findet, sind ihre auch jetzt noch bzw. wieder auf mehreren hundert Metern begehbaren unterirdischen *Kasematten.* Wer unter diesen hohen Untertagegewölben mit ihren Luftlöchern und Schießscharten, Wohnkojen und Pulverkammern herumspaziert, dürfte froh sein, den ortskundigen Führer dabei zu haben. Nicht nur, weil man sich in den Gängen verlaufen könnte, sondern auch, weil viele Teile wegen Einsturzgefahr nicht betreten werden sollen. Ein Rundgang

Festung Rothenberg

durch das ganze »Basement« der Festung ist schon seit 1925 nicht mehr möglich. In den letzten Jahren wurden aber bereits Kasemattengewölbe mit 2000 qm Plastikfolie überdeckt und damit vor durchdringendem Sickerwasser geschützt, das hier seit langem das bautechnische Problem Nummer eins gewesen war. Bereits vor 160 Jahren, als die Festung noch »in Betrieb« stand, konnte man wegen der Durchnässung in den unterirdischen Pulvermagazinen kein Schießpulver mehr lagern – es sei denn, in wasserdichten Fässern. Außerdem wurden aber drüben auf den Bastionen »Amalie« und »Glatzenstein« zwei beschußsichere Pulverbunker unter Erdwällen gebaut.

Die Geschichte dieser Festung ist kurios. Im Mittelalter stand hier eine Burg; sie war König Karls IV. von Böhmen letzter Stützpunkt vor den Toren der Freien Reichsstadt Nürnberg. Gleichzeitig diente die Burg wohl auch dem Schutz der Handelsstraße nach Prag. Später fiel die Wehranlage an eine vielköpfige Erbengemeinschaft fränkischer Ritter, unter denen es – wie immer unter Erben – häufig Streit und wenig Gemeinsinn gab. 1662 erwarb das Kurfürstentum Bayern diese Burg und baute sie zu einer Festung aus – und das mitten in fränkischem Gebiet, das damals ja noch lange nicht zu Bayern gehörte. Aber die Sache hatte schon ihren Sinn: Die Oberpfalz nämlich war kurbayrisch, der Rothenberg aber beherrschte die Verbindungsstraße nach Amberg und ins Pegnitztal und diente zum Schutz dieser Trasse, sofern man ihn selber besaß. Im Spanischen Erbfolgekrieg wurde freilich 1703 die alte Veste erobert und anschließend auf Betreiben des Nürnberger Rats teilweise demoliert. Daraufhin räumte man die Reste vollends ab und begann mit dem Bau einer weit größeren und modernen Festung. Die konnte zwar 1740 von ihrer Garnison (700 bis 800 Mann) endlich bezogen werden, aber ganz fertig wurde sie nie. 1744 bestand sie ihre Feuertaufe gegen die Österreicher, die ins Land einfielen, weil sich der bayerische Kurfürst Karl Albrecht als Karl VII. tollkühn hatte zum Kaiser wählen und krönen lassen. Diese Frechheiten quittierten die auf diesen Titel seit langem abonnierten Habsburger militärisch. Mit dem Ergebnis, daß der Wittelsbacher als Kaiser ohne Land und Geld in der Reichsstadt Frankfurt Asyl nehmen mußte und schließlich gerade noch zum Sterben wieder heim nach München kam. Was er aber immer noch hatte: Eine einzige Festung außerhalb seines besetzten Territoriums – eben den damals nicht eroberten Rothenberg.

Im Bayerischen Heeresarchiv in München lagern dicke Aktenbündel über die Festung bei Schnaittach, aber darin ist hauptsächlich von Ausbauarbeiten, Reparaturen, Kostenvoranschlägen und statischen Gutachten die Rede, auch von Personalangelegenheiten – aber kaum von kriegerischen Vorkommnissen. Im Siebenjährigen Krieg, aber auch in den Napoleonischen Kriegen hat man hier vorsorglich mehrfach große Mengen Proviant und Munition eingelagert und die Garnison verstärkt, aber die feindlichen Truppen marschierten immer in ziemlichem Abstand am Rothenberg vorbei. 1796 und 1799 hatte die Regierung den Kommandanten von vornherein angewiesen, im Ernstfall die Festung kampflos zu übergeben und mit seinen Truppen abzuziehen. Und so wurde der Rothenberg einmal von den Franzosen und einmal von den Österreichern besetzt, ohne daß ein Schuß gefallen wäre.

Schließlich war's dann auch kein Feind, sondern die Feuchtigkeit und der Verfall, der ihr das Ende brachte. Laut Gutachten hätten für eine Sanierung der verfallenden Anlagen 256 000 Gulden ausgegeben werden müssen. Das war König Ludwig I. zu viel (1967 genehmigte der Bayerische Landtag dann allerdings einen weit höheren Betrag, um wenigstens den totalen Verfall dieses Denkmals abzuwenden). 1838 zog die Besatzung in die Festung Forchheim ab. 1841 verließ die letzte Wachnachhut den bereits ziemlich ruinösen Rothenberg: ein Korporal, ein Sergeant und vier Gemeine. Von da an stand die Festung verlassen da und verfiel noch rascher, nachdem man sie sämtlicher Türen und Fenster beraubt hatte.

Man sieht aber auch heute noch recht gut, daß hier oben eine kleine Stadt gewesen war. Offiziere und zum Teil auch Soldaten und sonstige Männer vom Personal hatten ja ihre Familien mit auf dem Rothenberg. Es gab da oben zwei große Kasernen, Verwaltungsgebäude und ein Zeughaus, ein Lazarett, auch ein Pfarr- und ein Schulhaus – alles noch heute zu sehen, wenn auch zum Teil stark verfallen. Und sogar einen Festungsfriedhof hatte man, auf dem nach und nach rund 1000 Leute bestattet wurden, und der zu einem kleinen Teil wieder freigelegt ist, nachdem er bereits total vom Wald überwuchert gewesen war. Schön ist auch der weite Blick übers Land von den vielen Bastionen aus, aber den stärksten Eindruck machen auf die meisten Besucher doch die Gewölbegänge der Kasematten.

Besichtigung: Führungen auf dem Rothenberg finden statt von Mitte März bis Mitte November »bei entsprechender Witterung« zwischen 9 und 19 Uhr. Ob die Witterung entsprechend ist, kann man zuvor erfragen beim Heimatverein Schnaittach, Tel. 09153/7766, oder auch bei der Staatlichen Burgverwaltung Nürnberg, Tel. 0911/225726.

Da es nur einen einzigen Führer gibt, kann es sein, daß man eine Weile warten muß, bis er bei seinem Rundgang mit anderen Gästen wieder ans Tor kommt. Man sollte also auf jeden Fall insgesamt mindestens zwei Stunden für die Besichtigung einkalkulieren und eventuell eine kleine Brotzeit dabeihaben. Auf der Festung gibt es nur etwas zu trinken, vom Parkplatz aus kann man aber zu Fuß eine Wirtschaft erreichen – und etliche solche gibt's auch drunten in Schnaittach.

Tropfsteinhöhle bei Neukirchen-Trondorf (Oberpfalz)

Von Adam und Eva bis zum Watzmann

Ziemlich wenig bekannt und schon gar nicht »überlaufen« ist die *Osterhöhle* bei *Trondorf* (Gemeinde Neukirchen) in der Nähe von Sulzbach-Rosenberg. Das verwundert etwas, denn mit fast 200 m Länge und vielen Seitendomen gilt sie nach der Maximiliansgrotte (siehe Seite 54) als die zweitgrößte Schauhöhle in der nördlichen Oberpfalz. Auch weiß man ja von ihr nicht erst seit jüngster Zeit, denn schon 1905 wurde sie für den Besuch erschlossen. Wer Massentrubel und Wartezeiten (wie bei manchen anderen Schauhöhlen) nicht sehr schätzt, der ist hier also goldrichtig.

Zunächst steigt der Besucher auf Stufen 30 m in die Tiefe hinab bis zum 10 bis 12 m hohen »Dom«, den der Führer mit der Seitenkapelle einer gotischen Kirche vergleicht. Sehr deutlich kann man hier Kalksteingebilde in ihrer Entstehung beobachten, mit einiger Phantasie auch etliche »Engelsköpfe« sowie verschiedene Tiere. Nicht ganz so fromm geht es nun weiter mit der »Paradiesgrotte«, wo die Tropfsteingruppe »Adam und Eva« zu sehen ist. Aber von da kommt man gleich wieder in die »Kirche« mit ihren besonderen Attraktionen, nämlich dem »Taufstein«, der »Kanzel« und dem »Chor« – lauter sehr schönen und gleichmäßigen Tropfsteinbildungen.

Und weiter geht's nun – vorbei an der Wasserstelle – in die »Orgelhalle«, so genannt wegen der Tropfsteinsäulen, die da-

In der Osterhöhle

stehen wie die Orgelpfeifen. Und zum Schluß kriegt man hier nicht nur den »Eisberg«, sondern auch noch das »Matterhorn« zu sehen – ein Tropfsteingebilde, das in der Form tatsächlich stark diesem steilsten Berg der Alpen ähnelt.

Nun gibt's ja Tropfsteinbildungen skurrilster Art auch anderswo – eine Eigenart der Osterhöhle aber sind die Kolke. Darunter versteht man runde, kesselartige Vertiefungen im Gestein, die ehedem ein Höhlenfluß mit seinem Steingeröll ausgeschmirgelt hat. Und noch eine Besonderheit: die schwarzen Tropfsteine. Zum Teil mögen vor Jahrzehnten schon stark rußende Fackeln diese Schwärzung verursacht haben (heute verwendet man statt dessen längst Karbidlampen). Mehr noch handelt es sich aber bei dieser schwärzlichen

Kruste um Manganrost, stellenweise aber auch um einen Belag, der angeblich von Eisenbakterien gebildet wird.

Pflanzen irgendwelcher Art gedeihen in dieser Höhle kaum, aber auch die Tierwelt ist nur spärlich vertreten: Nur ein paar Springschwänze und Milben kann man eventuell entdecken, sonst nichts. An der jahrein jahraus gleich kühlen Temperatur von 7 bis 8 °C kann's nicht liegen, ebensowenig an der hohen Luftfeuchte, denn beides ist ja auch in anderen Höhlen so ähnlich. Offenbar hat es aber auch dem eiszeitlichen Menschen hier nicht sonderlich behagt, jedenfalls gibt es keinerlei Fundnachweise für deren Anwesenheit. Was jedoch an verschiedenen Stellen gefunden wurde, sind Gefäßscherben aus der Hallstattzeit (um 800 v. Chr.). Aber regelrecht gewohnt haben diese Vorfahren hier drin wohl auch nicht. Es gibt vage Vermutungen, daß in dieser Höhle damals eine Kultstätte gewesen sein könnte, aber für solche Hypothesen hat sich bislang ebenfalls keine Spur eines Beweises finden lassen. Und ähnliches gilt für Mutmaßungen der seit dem 17. Jahrhundert bekannten und mittlerweile Internationalen Rosenkreuzer-Gesellschaft bzw. deren deutscher Sektion: In einer Druckschrift über die Osterhöhle wurde die Annahme veröffentlicht, daß hier eine Kultstätte dieses Geheimbundes gewesen sein könne.

Die Höhle ist von einem nahen Wanderparkplatz mit einem kleinen Spaziergang leicht zu erreichen. Direkt neben dem Eingang gibt es eine kleine Waldgaststätte mit Biergarten. Die Höhle ist immer dann geöffnet, wenn auch die Wirtschaft offen hat, nämlich von Ostern bis Oktober jeweils am Sa. von 10–24, am Sonn- und Feiertag von 10–20 Uhr. Der Wirt, gleichzeitig Höhlenwart, übernimmt – sofern mehrere Besucher da sind – auf Wunsch Führungen, die eine gute halbe Stunde dauern. Anfragen: Tel. 09663/1010 oder 1718.

☞ **Umgebung:** Man kann direkt von Neukirchen aus aber auch auf einem *Höhlensteig* zur Osterhöhle wandern (Rundweg, ca. 3 Stunden) und dabei unterwegs noch etliche andere Höhlen und Halbhöhlen besuchen, so z. B. das *Bärenloch,* die *Bettelmannsküche,* die *Gaiskirche,* das *Franzosenloch* (in dem 1796 angeblich französische Truppen Unterschlupf gesucht haben) und das 14 m senkrecht-tiefe *Wiedelloch;* das heißt schlicht nach einem Bauern namens Wiedel – oder genauer nach dessen Kuh, die da hinabgefallen war und drunten notgeschlachtet werden mußte – damals offenbar eine ziemliche Sensation in dieser sonst nicht sehr ereignisreichen Gegend.

Zu erreichen: Neukirchen erreicht man über die A 6 (Ausfahrt Sulzbach-Rosenberg) oder die A 9 (Ausfahrt Lauf Nord, von da weiter auf der B 14 über Hersbruck), oder die A 93 bis Wernberg-Köblitz, dann weiter auf der B 14 über Sulzbach-Rosenberg.

Auskunft: Verwaltungsgemeinschaft in 8459 Neukirchen, Tel. 09663/555

Tropfsteinhöhle in Velburg (Oberpfalz):
König Ottos Sinterloch

Am 30. September 1895 war der Schäfer Peter Federl aus St. Colomann bei Velburg in der Oberpfalz hinter einem Fuchs her, der sich in einem Loch verschloff. Der Schäfer kroch hinterdrein und entdeckte so den Eingang zu einer Höhle. Da dies just am Namenstag des bayerischen Königs geschah (Bruder und Nachfolger von Ludwig II.), nannte man sie *König-Otto-Höhle;* sie liegt im Weißen Jura, also in Kalkablagerungen (hier Dolomit, angereichert mit Magnesium) aus Zeiten, die 135 bis 165 Millionen Jahre zurückliegen. Die Jurazeit, die – mal so über den Daumen gepeilt – 30 bis 45 Millionen Jahre dauerte, war übrigens die große Epoche der *Saurier.* Wie man aus Versteinerungen weiß, gab es aber auch schon erste kleine Säugetiere und den Urvogel *Archaeopterix.*

Wie in allen *Tropfsteinhöhlen* löst auch hier saures Wasser den Kalk, der herunterträufelt und sich in Stalaktiten und Stalagmiten wieder absetzt. Ursprünglich waren die großartigen Versteinerungen in dieser Höhle alabasterweiß, aber die Fackeln der vielen Besucher und später die Magnesiumlichter verrußten sie immer mehr. Erst seit man 1954 elektrisches Licht einbaute, überziehen sich die bizarren Gebilde allmählich wieder mit einer neuen, klaren Schicht in Weiß und auch Rotbraun. Die Höhle »wächst« nämlich noch, und das heißt, daß die Öffnungen und Gänge immer enger und irgendwann völlig zu sein werden. Aber deswegen muß man sich mit dem

Besuch nicht beeilen, das hat mindestens noch etliche Jahrtausende Zeit.

Erst vor gut 20 Jahren fanden zwei Forscher aus Nürnberg gleich nebendran eine zweite prächtige Höhle, und weil dies am 1. Advent geschah, heißt sie seitdem *Adventhalle.* Um sie besser zugänglich zu machen, trieb man von außen einen direkten Stollen hinein und klopfte auch einen Verbindungsgang zur König-Otto-Höhle frei. Die neue »Halle« weist eine erstaunliche Fülle von feinen Sinterformen auf, wie man sie dermaßen bizarr selten findet. Besonders auffallend sind die krumm und verdreht gewachsenen, fast wie Korkenzieher aussehenden Stalaktiten, für deren exzentrische Form es bislang noch keine endgültige Erklärung gibt. Ob nun krumm oder gerade: Auf jeden Fall wachsen Tropfsteine sehr laaaangsam: Nach Angaben von Forschern rechnet man im Schnitt für 1 Kubikmillimeter 80 Jahre – je nach Kohlensäuregehalt, Temperatur, Niederschlägen und Luftfeuchtigkeit mal mehr, mal weniger.

Im hinteren Höhlenraum sieht man als seltene Besonderheit ein versintertes Fledermaus-Skelett. Eine weitere Rarität in dieser Höhle: die Wasserstandslinien nahe der Decke. Jahrtausendelang stand nämlich die Höhle in unterschiedlichen Höhen voll Wasser. Und schließlich gibt es hier kleine Sinterseen, also mit Sinterperlen gefüllte Gumpen, die man auf einem Steg überquert. Mineralische Einschwemmungen sorgen für wechselnde Farben.

Besichtigung: Die König-Otto-Höhle samt Adventhalle hat vom 1. April mit 31. Oktober täglich von 9 bis 17 Uhr geöffnet. Während dieser Zeit ist der Höhlenführer ständig präsent. Für größere Gruppen empfiehlt sich allerdings eine vorherige Anmeldung beim Städt. Fremdenverkehrsamt in 8436 Velburg, Tel. 09182/1607 oder 1570. Aber auch der Höhlenführer hat Telefon: 09182/446. Beim Höhleneingang kann man in einer kleinen Wirtschaft Brotzeit machen.

Zu erreichen: Velburg liegt nahe an der A3 zwischen Regensburg und Nürnberg mit eigener Ausfahrt.

Umgebung: Außer seiner Höhle hat das Landstädtchen eine historisch bedeutsame Burgruine aufzuweisen, vor allem aber eine waldreiche Umgebung und ganz nahebei in Altenveldorf einen herrlichen naturbelassenen Badeweiher. In der ebenfalls nahegelegenen Kirche St. Wolfgang aus dem

In der König-Otto-Tropfsteinhöhle

15. Jahrhundert finden sich kostbare spätgotische Flügelaltäre. Und gleich nebendran gibt's nochmal eine kleine Höhle. Wessen Tag mit all dem noch immer nicht ausgefüllt wäre: Wenige Kilometer von Velburg liegt das hübsche, 1000jährige Städtchen Parsberg mit seiner Felsenburg, deren zwei Zwiebeltürme zum Wahrzeichen des Ortes geworden sind.

Kulthöhle bei Nördlingen im Ries:
Die Höhlengruft der 33 Schädel

Das Ries, der Einschlagskrater eines Meteors, mit der Stadt Nördlingen im Mittelpunkt, wurde spätestens dann weltbekannt, als man Astronauten der amerikanischen Apollo-Mission hier für die Mondlandung schulte.

Ein Jahrhundert zuvor hatte das Ries aber schon mal Schlagzeilen gemacht, als nämlich der Stuttgarter Professor Fraaß in den beiden *Ofnet-Höhlen* Steinwerkzeuge und Tierknochen fand. Und noch mehr, als 1908 Dr. Schmid aus Tübingen am selben Ort zwei »Nester« mit genau 33 Menschenschädeln entdeckte, die hier offenbar in einer Kulthandlung deponiert worden waren. Von den Körpern fand sich nämlich keine Spur, die hatte man vermutlich verbrannt. Die Schädel aber (10 von Frauen, 19 von Kindern und nur 4 von Männern) waren alle an denselben Stellen eingeschlagen (damit die Seele entweichen konnte?), und sie lagen, nach Westen ausgerichtet mit dem Gesicht in Richtung Höhleneingang, eingebettet in ein Gemisch aus Asche und rötlichem Ocker – eine Farbe, die in vielen alten Kulturen als Symbol des Lebens galt. Manche Wissenschaftler vermuten sogar Parallelen zwischen diesem Begräbnis von Menschen des Cro-Magnon-Typus aus der späten Altsteinzeit mit den Frühkulturen Ägyptens. Was gar so unglaublich auch wieder nicht sein muß, denn unter den Grabbeigaben fand man neben Kleingerät aus Feuerstein und Hunderten von Hirsch-

Eingang zur Ofnethöhle

grandeln auch 2500 kleine Schneckengehäuse, die eindeutig aus dem Mittelmeer stammen. Man hat also offenbar bereits Fernhandel betrieben und Kontakte mit sehr fremdartigen Stämmen gehabt. Obwohl damals in ganz Süddeutschland bloß etliche tausend Menschen gelebt haben sollen, beweisen die Schädelfunde der Ofnethöhlen ein buntes Rassengemisch: Da sind »Langköpfe« ebenso vertreten wie »Mittellangköpfe«, aber auch typisch breitstirnige »Rundköpfe«. Das Alter wurde bisher nach Untersuchungen der Universität von Los Angeles meist auf ca. 13000 Jahre taxiert – nach neuerer Ansicht könnten es aber vielleicht auch nur etwa 7500 sein. Das jedenfalls hatten bereits in den achtziger Jahren Wissenschaftler der Universität Köln herausgefunden – und

1989 kamen Untersuchungen der englischen Universität Oxford ebenfalls zu diesem Ergebnis. Aber ob nun »ein bißchen« mehr oder weniger alt: Auf jeden Fall gelten die Schädel aus der Ofnet als das für ganz Deutschland eindrucksvollste Zeugnis einer Kulthandlung der Steinzeitmenschen. Man vermutet, daß sie den Kopf als wichtigsten Körperteil angesehen haben, weshalb man ihn bei Toten eben auch anders als den Rest der Leiche behandelte. Ungeklärt ist bei den Ofnet-Schädeln allerdings, ob es sich um erschlagene Feinde handelte. Die vielen Frauen- und Kinderköpfe und der viele Schmuck lassen allerdings eher auf Angehörige der eigenen Sippe schließen.

Die Ofnet-Höhlen, die eine 17, die andere nur 9 m tief, liegen genau auf der Landesgrenze zwischen Bayern und Baden-Württemberg. Deshalb sind sie auch von beiden Seiten aus erreichbar: Vom Ortsteil Holheim der bayerischen Stadt Nördlingen und vom Ortsteil Utzmemmingen der württembergischen Gemeinde Riesbürg. Etliche der Ofnet-Schädel befinden sich im *Riesmuseum* zu Nördlingen bzw. in einem Münchner Museum, andere dagegen in Stuttgart.

Umgebung: Nur wenige hundert Meter von den in einer sehr eigenartigen Felslandschaft gelegenen Ofnet-Höhlen findet man auch noch die Überreste einer römischen Villa Rustica, also eines jener Gutshöfe, wie ihn römische Zeitsoldaten nach ihrer Entlassung aus der Armee zugewiesen bekamen. Man sieht, daß es sich da um keine kleine Klitsche gehandelt hat, denn die Außenmauern umschlossen immerhin ein Geviert von 100 × 100 Meter, und das dazugehörige Land dürfte etwa 100 Hektar ausgemacht haben.

Zu erreichen: Nördlingen–Holheim und damit auch das benachbarte Riesbürg–Utzmemmingen erreicht man am besten über die B25 Donauwörth-Dinkelsbühl. Auskunft beim Verkehrsamt in 7081 Riesbürg, Tel. 09081/3245, oder beim Städt. Verkehrsamt, Marktplatz 2, 8860 Nördlingen, Tel. 09081/4380. Im übrigen sollte man vor oder nach den Ofnet-Höhlen unbedingt auch das neue Nördlinger Rieskrater-Museum besuchen!

Karsthöhle bei Kipfenberg (Altmühltal):
Zwei Fundgruben für Ausgräber

Eines der durchlöchertsten Gebiete Bayerns ist das *Altmühltal:* Hier haben die Speläologen bisher rund 300 Höhlen lokalisiert. Die meisten davon sind nur Fachleuten bekannt und für Laienbesucher unzugänglich, aber einige kann man leicht erreichen und besichtigen. Zwei davon liegen nahe Kipfenberg, nämlich die *Arndthöhle* und der *Hohle Stein.*

Die *Arndthöhle* bei Attenzell ist ab Kipfenberg auf gemächlichen Spaziergängen über die Rundwege 3, 5 und 19 zu erwandern: Im Gegensatz zu vielen anderen Höhlen liegt ihr Eingang nicht an einem Berghang, sondern in einer flachen Mulde. Von dort steigt man auf Stufen 30 Meter in die Tiefe. Auch an Sommertagen ist es da drunten ziemlich »schattig« – man sollte also eine Jacke dabeihaben und auch eine Taschenlampe. Diese Höhle ist ein Einbruch von Karsthohlräumen, die durch Auflösung des Kalks in kohlesäurehaltigem Wasser und durch Auswaschungen entstanden sind. Am tiefsten Punkt in der Höhlen-Halle sieht man noch zwei verschüttete, aber deutlich erkennbare Abflußkamine weiter ins Berginnere.

Ein Besucher schildert 1868 die Höhle und bescheinigt ihr die Größe »einer mittelmäßigen Kirche«. Aber bereits 1799 erwähnt eine Beschreibung dieser Gegend die Arndthöhle, »welche an der Decke und an den Wänden eine schwarzlichte Kruste, auch Zapfen von Tropfstein herunterhangend und wieder mehrere Seitenhöhlungen hat, mit Einschluss deren sie wohl über 100 Mann fassen würde. Sie ist auch über 20 Schuh hoch, und auf dem Boden liegen allerlei Gebeine von Tieren herum«. Solche Knochenfunde (auch von Menschen) und Tonscherben (von der Urnenfelder-Zeit bis zum Mittelalter) sind längst sichergestellt – also keine Chance mehr für Souvenirjäger.

Das gilt ebenso für die zweite Höhle im Kipfenberger Gebiet, den *Hohlen Stein* im Schambachtal, wohin ab Kipfenberg ein Weg über die Burgruine Arnsberg (mit Burgschänke als Brotzeitstation) hinführt. Es handelt sich hier sogar gleich um zwei übereinanderliegende Höhlen, aber leider ist zur Zeit nur der Eingangsbereich zu besichtigen, weil drinnen seit längerem Ausgräber am Werk sind. Diese Stockwerkshöhle ist für sie besonders ergiebig: Schon von 1951–1953 hatte man hier mehr als 10 Zentner Knochen und Zähne von Tieren der Eiszeit sowie 3000 Steinwerkzeuge herausgeholt. Die erste Besiedlung der unteren Höhle, 17 m tief im Dolomit, wird auf ca. 60000 Jahre (Würmeiszeit) zurückdatiert, aber die Funde reichen zeitlich von dieser Vorzeit bis zu römischen Münzen und zu Keramikscherben aus dem Mittelalter. Im Dritten Reich hatten übereifrige Ahnenforscher der Nazis die fixe Idee, hier vielleicht das Skelett eines »Urgermanen« ausgraben zu können – aber man fand nur Knochen von Höhlenbären, Hyänen und ähnlichen rassenpolitisch weniger brauchbaren Lebewesen.

Auch wenn diese Höhle wegen Ausgrabungsarbeiten nicht immer frei zugänglich ist – der nur 2 km lange Abstecher von der Arndthöhle zum Hohlen Stein ist trotzdem reizvoll, denn einmal steht dort eine recht aufschlußreiche Info-Tafel, zum anderen wird an der *Lohmühle* nahebei doch noch ein Stück Untergrund geboten. Unter der dortigen Barockkapelle entspringt eine angeblich heilkräftige Quelle. Wer sich damit die Augen befeuchtet, der soll vor Gerstenkörnern, Bindehautentzündungen, dem Star und sonstigen Krankheiten der Sehorgane bewahrt bleiben. Und wenn's nichts nützt – schaden kann's ja auch nicht.

Umgebung: Wer schon mal in Kipfenberg ist, sollte auch das einmalige Fasenickel-Museum (über ein ungewöhnliches Fastnachtsbrauchtum) nicht versäumen und kann in den Wäldern rings um diesen reizvollen Ort außerdem allerhand Reste des römischen Limes entdecken sowie den durch einen Felsblock markierten geographischen Mittelpunkt Bayerns.

Auskunft: Tourist-Information, Postfach 27, 8079 Markt Kipfenberg, Tel. 08465/17422.

Tropfsteinhöhle in Essing (Altmühltal):
Ein unterirdischer Tempel

Wer Angst vor Fledermäusen hat, kann das große *Schulerloch* im Altmühltal dennoch getrost besuchen. Zwar wurde hier von Wissenschaftlern bereits vor gut 60 Jahren mit der Beringung solcher Flattertiere begonnen, die in dieser Höhle wegen der stets gleichen Temperatur von etwa +8°C (Luftfeuchtigkeit um 80% schwankend) gern überwintern. Aber in dem für Besucher zugänglichen und ausgebauten Teil (Gesamtlänge 420 m) wird man kaum welche von den zehn Arten zu Gesicht bekommen – zumal sie mittlerweile auch hier schon ziemlich selten geworden sind.

Fledertiere waren aber nicht die einzigen Bewohner dieser *Tropfsteinhöhle,* die 55 m über dem heute so idyllischen Ort Essing liegt. Weil der Eingang ehedem vermauert gefunden worden war, hatte man vermutet, daß hier keltische Druiden ein Höhlen-Heiligtum gehabt hätten. Aber bei den Grabungen (Funde sind vor Ort ausgestellt) erwies sich, daß die Höhle zwar schon in der letzten Eiszeit (Würmeiszeit) vor 80000 bis 35000 Jahren von Menschen des Neandertaler Typs bewohnt worden war. Darauf weisen zahlreiche Werkzeugfunde hin. Dann kam eine lange Pause bis zur Bronzezeit (ab 1700 v. Chr.), aber seitdem scheinen hier drin nie mehr Menschen gehaust zu haben. Wohl aber fand man 600 bestimmbare Tierknochen, darunter auch vom Mammut, Wollnashorn, Bison, Rentier, Höhlenbär, Höhlenhyäne, Höhlenlöwe und Wolf. Wiederentdeckt wurde das Schulerloch von Hirten und Waldbauern – längst, ehe es 1793 der Oberstgeneralstraßen- und Flußbaudirektor A. von Riedl gezielt erkundete, weithin bekannt machte und ganz bescheiden auch gleich »Riedlshöhle« benannte. Schon elf Jahre davor lag allerdings der Bayerischen Akademie der Wissenschaften eine erste Beschreibung der Höhle durch den Mönch Edmund Schmid vom Kloster Weltenburg vor, und die dürfte der »Entdecker« Riedl ziemlich sicher gekannt haben.

1815 kaufte ein Regierungsrat Anton von Schmauß den Schulerloch-Felsen und ließ am Höhleneingang den Wohn- und Aussichts-Pavillon bauen, mit einer goldenen Aufschrift über dem Eingang: »Zum Tempel der Natur«. Warum die von ihm erschlossene Höhle nicht Schmaußloch heißt, und woher der Name Schulerloch kommt, weiß man nicht so ganz genau. Manche meinen, es hinge mit der einstigen Vermutung (auch von Schmauß) zusammen, hier drin sei eine Druiden-Schule gewesen. Andere sagen, der Name komme von »Schuller«, was ehedem ein anderes Wort für Räuber gewesen sei.

Durch einen Stollen geht man hinein in die 30 × 40 m große »Halle«, von Schmauß damals »Tempel« genannt. Von dort führt ein immer engerer Gang weiter in den Berg hinein, vorbei an vielen Tropfsteinen und einem Wasserfall, wo sich das Wasser in kleinen Sinterbecken sammelt. Auf der Oberfläche kann man manchmal nur millimeterlange weiße Tierchen herumwuseln sehen, die Springschwänze genannt werden. Aus früheren Erdzeiten sind noch Bärenschliffe zu sehen: Glattpolierte Felsenflächen, die dadurch so blank geworden sein sollen, daß Generationen von Höhlenbären ihr juckendes Fell daran gescheuert haben. Sämtliche gesandeten Wege

Solche Langohrfledermäuse überwintern zwar im Schulerloch – aber der Höhlenbesucher kriegt sie nicht zu Gesicht.

in dieser Höhle sind schon seit 1912 elektrisch beleuchtet – neuerdings mit Solarstrom, was bei einer Höhle doch ein wenig verwunderlich erscheint.

Zu erreichen: Essing liegt ca. 4 km von Kelheim in Richtung Riedenburg. Vom Parkplatz bis zum Eingang (55 m hoch über der Altmühl) muß man etwa 15 Minuten zu Fuß bergan gehen.

Fast noch interessanter wäre das etwas tiefer liegende *kleine Schulerloch.* Dort nämlich entdeckte man eine in Deutschland einmalige vorgeschichtliche Felszeichnung in Ritztechnik: Ein Steinbock, dazu ein Fruchtbarkeitssymbol, eine Frauenfigur und ein Fangnetz. Und daneben eine Runeninschrift. Hier dürfen Besucher zwar nicht hinein, aber beim großen

Schulerloch sieht man eine haargenaue Nachbildung dieser Ritzzeichen. Entdeckt wurden sie erst 1937. Man war zunächst felsenfest davon überzeugt, es handle sich um die erste eiszeitliche Felszeichnung in Deutschland. Nach 12 Jahren kamen jedoch Zweifel auf, und schließlich bezeichneten manche Forscher den Fund gar als Fälschung, zumal es ja in der Eiszeit noch längst keine germanische Runenschrift gab. 1964 erklärte aber der Mainzer Prof. H. Kühn, die Tiergravur sei alt und stamme aus dem späten Magdalenien, also immerhin aus der Zeit um 10000 v. Chr. – und was die Runen betrifft, die wurden vom schwedischen Runologen E. Salberger als solche bestätigt. Der kurze Text heißt: »Birg leub Selbrade« – also etwa »Birg liebt Selbrade«. Da die breiteren Linien der Zeichnung wahrscheinlich mit Steinwerkzeug geritzt wurden, die feinen Runen dagegen eher mit Metallwerkzeug, liegt die Vermutung nahe, daß die Zeichnung schon weit früher existierte, den Liebesschwur aber jemand erst sehr viel später danebengekritzelt hat.

Umgebung: Unweit von hier gibt es bei Essing auch noch die vier wie Stockwerke übereinander liegenden *Klausenhöhlen,* wo man besonders viele prähistorische bzw. frühgeschichtliche Funde an Werkzeugen, Waffen und Schmuck gemacht hat.

Besichtigung: Das Schulerloch kann nur mit Führungen besucht werden (Dauer 20 bis 30 Minuten), und zwar von Ostern bis November. Die Zeiten (im Sommer meist 10 bis 16.30 Uhr im Halbstundenturnus) ändern sich manchmal etwas und stehen jeweils am Parkplatz angeschlagen. Man kann sie aber auch telefonisch erfragen unter der Nummer 09441/3277. Die Anschrift: Oberau 1 in 8421 Essing.

Felsritzzeichnungen
im Schulerloch

Wer sich für geführte Wanderungen in weniger bekannten Höhlen des Altmühltals interessiert, der ist bei der Höhlen- und Karstgruppe Greding richtig. Deren Mitglieder, die sich hier natürlich bestens auskennen, machen das auf Verabredung und sogar zum Nulltarif, wobei freilich eine angemessene Spende für die Vereinskasse erwartet wird. Anmeldungen hierzu beim Vorsitzenden Roland Joos, Unterm Kalvarienberg 44 in 8547 Greding, Tel. untertags 08463/433, abends 08463/1731.

Höhlenkirche bei Kelheim:
Das Bruderloch des Eremiten

»Kirche ohne Dach« nennt man diesen Raum oft, in den es trotzdem nicht hineinregnet, handelt es sich doch um eine der ganz wenigen *Höhlenkirchen* Bayerns. Am Donaudurchbruch, wenige Kilometer vor Kelheim, hatte der Fluß in grauer Vorzeit tiefe Löcher aus dem Fels gespült. Wahrscheinlich haben darin dann auch sehr früh schon Sippen unserer Altvorderen gehaust. Der erste Bewohner, über den man genau Bescheid weiß, war der Eremit Bruder Antonius von Siegenburg, der sich hier 1450 niederließ. Seine Klause – zu Ehren des hl. Nikolaus, von dem noch heute eine Figur in der Felswand steht – hat man zunächst nach diesem frommen Bruder Anton als *»Bruderloch«* bezeichnet. Aber noch zu Lebzeiten des Einsiedlers wurden vom Bayernherzog die Franziskaner in den Besitz von Klause und Kirchlein eingewiesen und von der Kirche bestätigt. Das verdroß den Eremiten verständlicherweise so sehr, daß er in dieser Gegend nicht mehr bleiben wollte. Er wanderte also nach Wien aus und trat dort in den Minoriten-Orden ein. Sehr gefallen hat es ihm da wohl auch nicht, denn bald verließ er das Kloster, zog nach Prag, kaufte sich dort ein Pferd und ritt nach Ungarn, um gegen die Türken mitzukämpfen. Über sein trauriges Ende berichtet eine alte Chronik: »Unternwegs fiel er in die Hände von sechs Räubern, welche, weil sie dem Tapfern das Pferd nicht nehmen konnten, dem Ermüdeten das Leben nahmen.«

Die »Observanten« des Bruderlochs, die Franziskaner also, hatten an ihrer gewaltsamen Erwerbung auch nicht viel Freude. Da sie hierhergezogen waren, ohne den Ort genauer zu kennen, »wurden sie dessen gar bald überdrüssig«, wie's in der alten Chronik heißt. Und warum? »Theils wegen der Feuchtigkeit der Gebäude, theils wegen der häufigen Überschwemmungen.« Jedenfalls zogen sie schon drei Jahre später lieber in einen Klosterneubau nach Kelheim um. Dann kam 1472 der Dritte Orden nach »St. Nicola im Bruderloche« – aber diese Brüder hielten es hier auch nicht lang aus. Trotzdem blieb das Areal in klösterlichem Eigentum bis 1803. Was dann geschah, steht so in der Chronik: »Mit der allgemeinen Saecularisation der Klöster in Bayern kam das Bruderloch an den Staat, und wurde sonach an einen Privaten verkauft. Aus der Kirche wurde ein Keller; die Eremitenzelle wandelte sich in eine Schenke um.« Das Klösterl wurde also das, was es heute noch ist: eine beliebte Ausflugswirtschaft, die jetzt einem Kelheimer Brauereibesitzer gehört. Der siedet nicht nur eine »Klösterl Weiße«, sondern Johann Aukofer läßt sich's viel Geld und Mühe kosten, mit Unterstützung staatlicher Stellen die Höhlenkirche zu restaurieren. An der vorderen Innenwand waren Fresken aus dem 17. Jahrhundert, nach deren Ablösung darunterliegende aus dem 15. Jahrhundert zum Vorschein kamen. In der Höhle findet sich außerdem noch eine Choranlage, die an die »Carceri« bei Assisi erinnert, dann der Grabstein der Dorothea von Adelshofen, Gemahlin des Pflegers von Kelheim, Ulrich von Stingelheim. Ob sie 1601 hier beerdigt wurde, oder ob der Grabstein aus der Kelheimer Franziskanerkirche stammt, weiß man nicht. Exakt bekannt ist dagegen die Herkunft einer Steinplatte mit hebräischen Schriftzeichen an der Gartenmauer: Ein Grabstein, der aus dem im 16. Jahrhundert zerstörten Judenfriedhof in Regensburg stammt. Als man vor 100 Jahren die Steinplatten des Fußbodens in der Klösterlkirche hob, fand man zwei Mönchsgerippe. Noch tiefer lag das Skelett eines Menschen in hockender Haltung, möglicherweise Überreste eines keltischen Grabes.

Die Kirche ist nicht die einzige Höhle hier – ein paar in Stein gehauene Stufen führen zu einem anderen Loch, dem »Goldofen«. Angeblich hat hier mal ein Alchemist gehaust, und die Mönche selbst sollen versucht haben, aus dem Donausand Gold zu waschen. Auch der Bierkeller der Ausflugswirtschaft ist eine Felshöhle.

Das alles schien 1950, beim 500jährigen Jubiläum, dem Verfall geweiht zu sein. Aber mehrere Besitzer nacheinander mühten sich um die Erhaltung, die Stadt Kelheim ließ den bis dahin miserablen Uferweg ausbauen und asphaltieren, und 1970 konnte erstmals nach langer Zeit in der Kirche ohne Dach wieder eine Messe stattfinden.

Besichtigung: Man kann die Ausflugsgaststätte und somit die Höhlenkirche das ganze Jahr hindurch besuchen – lediglich in den Wintermonaten von Ende Oktober bis Ostern ist jeweils am Montag und Dienstag Ruhetag.

Zu erreichen: Der Weg zum Klösterl – von Kelheim aus ein kommoder Spaziergang von 20 Minuten am Ufer der Donau entlang, beginnt an der Schiffsanlegestelle und ist nicht zu verfehlen. Gaststätte: Tel. 09441/7517.

In Neuburg/Donau:
Pfalzgräfliche Lustgrotten

In manchen Gegenden gibt's ziemlich viele Höhlen und Grotten – anderswo dafür gar keine – zum Beispiel in Neuburg an der Donau. Dies muß Pfalzgraf Philipp-Wilhelm in seiner dortigen Residenz als schweren Mangel empfunden haben. Also ließ er – gewaltsam, wie Barockmenschen seines Schlags waren, 1667 durch einen Baumeister aus Augsburg unter seinem Schloß künstliche Grotten anlegen. Der »Schwiegervater Europas« (so nannte man den Neuburger Pfalzgrafen, weil er seine siebzehn Kinder querbeet durch sämtliche Länder an europäische Fürstenhöfe verheiratete) ging dabei in die vollen und sparte keinen Aufwand für den teuersten Kitsch.

Die Stadt Neuburg, bereits von der römischen Besatzungsmacht gegründet, wurde im 6. Jahrhundert bayerischer Herzogshof und seit 788 fränkischer Königshof. Später gehörte sie samt dem Umland mal dahin, mal dorthin, bis 1505 aus Neuburg an der Donau und der Pfalz am Rhein ein selbständiges Herzogtum zusammengebacken wurde. Der Grund dafür: Im Hause Wittelsbach gab's wieder einmal Erbstreitigkeiten, die man durch Teilungen zu beheben suchte. Dieses Pfalz-Neuburg bestand immerhin über ein Vierteljahrtausend lang, bis es 1777 durch den Kurfürsten Karl-Theodor wieder an Altbayern fiel, von dem es abgetrennt worden war. Daß es sich um einen gebietsmäßig nicht sehr großen, aber

Die Tierkreiszeichen in den Lustgrotten

keineswegs popeligen Staat handelte, zeigte sich am deutlichsten unter der Regentschaft von Pfalzgraf Ottheinrich, wie man an den stolzen Schlössern sieht, die er in Heidelberg und in Neuburg errichten ließ.

Philipp-Wilhelm hielt es allerdings ebenfalls mehr mit dem Klotzen als mit dem Kleckern – und auch mit technischen Raffinessen: Das System seiner unterirdischen Höhlengemächer und Stollengänge war damals von bleiernen Wasserrohren mit vielen heimtückischen Spritzdüsen durchzogen, was ehedem ein Chronist so schilderte: »Nicht nur aus den Figuren und Ornamenten springt allerseits Wasser heraus, sondern es dringt auch aus dem Boden an Punkten hervor, wo man es am wenigsten vermutet. Wer nicht sehr auf der Hut ist, kommt ungenäßt nicht durch.« Ach ja, solche feuchten Scherze liebten sie halt und konnten sich köstlich daran delektieren, die Fürsten und Fürstlein von ehedem. Und manchmal auch die Herren Fürstbischöfe, wie man beispielsweise im Salzburger Mirabellgarten sehen kann.

Derlei Wasserspiele hat man sich in unseren Tagen schon der Kosten wegen erspart – die Restaurierung der Neuburger Schloßgrotten kostete den bayerischen Staat ohnehin 1,1 Millionen Mark. Und auch sonst war sie recht schwierig, denn um den ursprünglichen Zustand wieder herzustellen, brauchte man unter anderem 35000 Flußmuscheln aus der Donau und 13 Tonnen Tuffstein. Außerdem mußten Meermuscheln, Quarzkiesel und künstliche Stalaktiten aus Dorngestrüpp und Glas beschafft werden.

Dies alles wurde nötig, weil seit dem Jahr 1800 die Lust-Keller unterm Neuburger Schloß mangels residierender Herrscher nicht mehr in Betrieb gewesen waren und deshalb verfielen. Die Nutzungen des Schlosses als Militärdepot, Flüchtlingslager und für diverse kleine Industriebetriebe war der Erhaltung nicht gerade förderlich, aber auch der Zahn der Zeit nagte an den Wasserrohren und der Frost am Tuffstein, und schließlich führte das Gewicht des massiven Schloßturms noch zu statischen Problemen im Untergrund. Man mußte also was tun – und man entschloß sich zur Restaurierung statt zum Abriß oder in diesem Fall zum Auffüllen.

Von all dem bemerkt der Besucher heute nichts mehr. Abgesehen von den Wasserspielen und etlichen Figuren, die nicht mehr rekonstruiert wurden, findet er alles wieder so vor

Eisgrotte

wie zu Zeiten des pfalzgräflichen Herrschers im 17. Jahrhundert. Da gibt es als innerste Höhle die »Eisgrotte«, auch »Höhle der Zeit« genannt, wo ehedem der antike Göttervater aufgestellt war. Die erdfarbene »Höhle des Pan« war als Heimstatt der Erdgottheiten gedacht, die blau gefaßte Höhle des »Cosmos« birgt die Gestirne und Tierkreiszeichen. Und schließlich kommt man noch in die große »Grottenhalle« mit Architektur-Ornamenten an der Decke. Alles in allem sind das rund 170 qm köstlich-kitschig-künstlicher Untergrund.

Umgebung: Für ein tagesfüllendes Programm reicht die Besichtigung der Grotten freilich nicht, aber sowohl die Neuburger Residenz und die Stadt an der Donau wären auch ohne Schloßgrotten durchaus einen Tagesausflug wert. Schon gar dann, wenn im Sommer das große Schloßfest stattfindet. Da ist alle zwei Jahre am letzten Juni- und ersten Juli-Wochenende sechs Tage lang allerhand los mit Historienspektakeln und Volksbelustigungen wie zu pfalzgräflichen Zeiten.

Besichtigung: Die Grotten können während der Öffnungszeiten des Neuburger Schlosses besichtigt werden: Dienstag bis Sonntag 10–17 Uhr.

Auskunft: Städtisches Fremdenverkehrsbüro, Tel. 08431/ 55240.

Bei Lam (Bayerischer Wald):
Eine echte Räuberhöhle

Was Leute wie der Bayerische Hiasl oder der Kneißl in Oberbayern waren, das gab's etwa um die gleiche Zeit auch in Niederbayern: Einen Volkshelden, der jahrelang die Obrigkeit tratzte und die Reichen beraubte, und schließlich – von einem »Freund« verraten – irgendwann doch geschnappt wurde. Im Bayerischen Wald war dieser Mann der *Räuber Heigl,* dessen Höhle am *Kaitersberg* in der Nähe von Lam noch heute vorhanden ist und besucht werden kann.

Der berüchtigste »Outlaw« des niederbayerischen Waldgebirges wurde 1816 im heutigen Landkreis Kötzting geboren. Der Sohn armer Häuslersleute mußte sich schon als Halbwüchsiger bei Bauern verdingen. Aber im Gegensatz zu anderen Kleinknechten ließ er sich nicht viel gefallen. Bereits mit fünfzehn verprügelte er die beiden Söhne seines Bauern, weil sie ihn derblecken und frozzeln wollten. Das und andere Prügeleien führten dazu, daß er zwecks Einweisung ins Arbeitshaus dem Kötztinger Landrichter vorgeführt werden sollte. Aber die Gendarmen, die ihn holen kamen, fanden ihn nicht – er hatte sich in die dichten Wälder am Kaitersberg verkrochen. Mit Betteleien bei den Bauern, einem ambulanten Handel und kleinen Diebereien schlug er sich durch. Die Bauern duldeten, daß er in ihren Heuschobern übernachtete – und sei's auch bloß aus Angst vor möglicher Rache. Wenn aber irgendwo irgendwas »abhanden« kam, dann schob man's in der ganzen Gegend auf den Heigl Michi. Was in Extremfällen dazu führte, daß er laut Polizeiakten gleichzeitig drei Straftaten in drei weit auseinanderliegenden Dörfern verübt haben sollte.

Erwischen konnte man den Michl erst, als die Gendarmen herausbekamen, daß er bei einer Freundin fensterlte, nämlich bei der Rothen Res von Gotzendorf. Dort lauerten sie ihm auf, verhafteten ihn und brachten ihn ins Gefängnis nach Kötzting, wo er schon während der ersten Vernehmung durch einen Trick wieder ausbrechen konnte. Auch nach einer späteren Verhaftung entkam er den Gendarmen nochmal.

Inzwischen hatte der junge Ganove in der Gegend bereits einen ähnlichen Ruf wie einst in England der berühmt-berüchtigte Robin Hood. Und einen Gefolgsmann fand er auch, mit dem zusammen er sich in der Höhle unter dem Kreuzfelsen des Kaitersbergs eingenistet hatte. Im Streit jagte er den Kumpan später weg – und der rächte sich Jahre danach, indem er der Polizei diesen Unterschlupf in der Höhle verriet. Zuvor aber hatte der Heigl die Rothen Res zu sich geholt. Kurz hintereinander kam dreimal Nachwuchs, worauf jedesmal in der Nacht ein Bauer herausgeklopft wurde und vom Räuber Heigl gesagt bekam; »Da leg ich dir was her, und wenn du's net halten tust wie dein eigens Kind, dann brenn ich dir das Haus weg!« Auch sonst erpreßte sich der Michl von den Bauern, was er brauchte, und was man ihm nicht freiwillig gab. Beispielsweise dadurch, daß er einem Bauern hoch droben am Berg die Quelle seines Hauswassers so lange abgrub, bis er das Gewünschte geliefert bekam.

Durch solche Praktiken ließ die Beliebtheit des Räubers Heigl allmählich auch bei den kleinen Leuten so sehr nach, daß ihm zeitweilig der Heimatboden zu heiß wurde. Zweimal seilte er sich samt seiner Res nach Ungarn ab und versuchte sich als Kneipenwirt. Beim zweitenmal geriet er dort in die Revolutionswirren des Jahres 1848, und bevor er sich zum Militär pressen ließ, verschwand er lieber wieder in Richtung Heimat. Im Lamer Winkel aber machte ihn samt seiner Res schließlich ein Kommando von 400 Soldaten dingfest, nachdem er zuvor geschwind noch seinem Verräter eine Kugel in den Kopf geschossen hatte. In Straubing wurde er 1854 zum Tod verurteilt, aufgrund von Bittschriften der Waldler begnadigte ihn König Max II. zu lebenslanger Haftstrafe. Schon ein Jahr danach aber kam er wegen guter Führung in das Zwangsarbeitshaus Au in der Hallertau, wo er bald sogar zum Kapo für eine Gruppe von Sträflingen wurde. Und einer von denen erschlug – warum auch immer – den damals erst 41 Jahre alten Räuber Heigl mit der eisernen Kugel an seiner Fußkette. Noch jahrzehntelang kündeten Moritatensänger von seinen guten Taten und lustigen Streichen mit dem Refrain »Der Heigl war kein böser Mann«. Die Rothen Res kam nach drei Jahren Arbeitshaus frei, ging in den Wald zurück und heiratete einen Häusler, dem sie eine brave und tüchtige Hausfrau wurde.

Besichtigung: Die Höhle des Räubers kann auf einer (allerdings fünfstündigen) Rundwanderung besucht werden. Ausgangspunkt ist der Weiler Schönbuchen zwischen Hohenwarth und Kötzting. Von dort geht's (ausgeschildert) über die Hangwiesen und den Wald hinauf zu den Bergbauernhöfen von Reitenberg. Noch ein Stück weiter oben kommt man durch lichten Mischwald schließlich zu einem felsigen Plateau. Und dort, am Fuß einer Felswand, findet man den Eingang der Höhle, wo der wilde Heigl zwischen 1840 und 1853 hauste. Wichtig für einen Mann seines Schlags: Die »Wohnung« hat hinten einen zweiten, kaminförmigen Ausschlupf.

☞ **Umgebung:** Wer will, kann bei der Höhle wieder umkehren. Der Rundweg jedoch geht weiter hinauf zum Gipfel des zerklüfteten Kreuzfelsens (999 m). Der Rückweg nach Lam führt über den Mittagsstein (mit einem Denkmal für die Gefallenen der beiden Weltkriege) zur Brotzeitstation Kötztinger Hütte (1034 m). Über das Steinbühler Gesenke und die beiden Rauchröhren-Felstürme kommt man zum Reidelstein (1134 m) mit dem Denkmal für den Dichter Maximilian Schmidt, gen. Waldschmidt. Dann die Liftschneise hinab zum Ecker Sattel und zu den fünf Einödhöfen oberhalb von Lam.

☎ **Auskunft:** Verkehrsamt des Luftkurorts 8496 Lam, Tel. 09943/1081 oder 3466.

Silberbergwerk in Bodenmais (Bayerischer Wald):
Bergbauschau im Barbara-Verhau

Die Grube im Silberberg – hört sich das nicht fast an wie aus einem Roman von Karl May? Nur daß es bei dem um den Schatz im Silbersee geht. Einen Schatz hat es allerdings auch im *Bodenmaiser Silberberg* einmal gegeben – aber der wurde längst restlos gehoben. Die Grube, ehedem ein ertragreiches Silbervorkommen, ist heute nur noch ein Besucherbergwerk. Auf dem Weg durch den 600 m langen *Barbarastollen* sieht man da, mit welch teilweise primitiven, teils aber auch schon recht raffinierten technischen Mitteln hier der Erde ihr Edelmetall entrissen wurde. Man kommt vorbei an einem unterirdischen Teich – also doch sowas wie der Silbersee! – und gelangt schließlich in den »Großen *Barbara-Verhau*« – diese Höhlung heißt tatsächlich so sonderbar, wobei der Verhau ein Fachausdruck der Bergmannssprache ist, die hl. Barbara aber die Schutzpatronin der Bergleute. Was das Feuersetzen war, sieht man hier untertage ebenso wie einen alten Zug mit Grubenhunten, also – Transport-Loren auf Schienen. Der Besucher lernt außerdem, wozu der Bremsberg (ein schräger Förderschacht mit Gegenzug) gut gewesen ist, und wofür man eine Bergschmiede brauchte. Und die riesigen schwarzen Ungetüme im großen Maschinenraum lassen das Herz jedes Technostalgikers höher schlagen. Wogegen sich Leute mit Raucherhusten untertage möglicherweise etwas erleichtert fühlen, denn die Luft in diesem alten Bergwerk ist ausgesprochen bekömmlich: In einem Seitenstollen werden sogar Liegekuren gegen Atemwegserkrankungen gemacht. Auch sehr interessant: Die mehr als 60 verschiedenen Arten von Mineralien in vielen bunten Farben und Musterungen, die im Silberberg gefunden wurden und hier zu bewundern sind.

Nach der unterirdischen Führung kann man gleich nebenan in der Grubenschänke die Rückkehr ans Tageslicht begießen und sich für eine zweite Besichtigung stärken. Auf den nur 955 m hohen, aber dennoch sehr schroffen und felsigen Gipfel des Silberbergs führt nämlich ein Doppelsessellift hinauf, und die Aussicht über viele Gipfel und grüne Berge des Bayerischen Waldes lohnt die Auffahrt allemal.

Umgebung: In Bodenmais gibt es auch eine Waldglashütte (Firma Joska), die man besuchen kann.

Besichtigung: Die Öffnungszeiten im Silberbergwerk und bei der Sesselbahn sind kompliziert: April mit Juni: Bergwerk 10 bis 16 Uhr, Sesselbahn 9 bis 17 Uhr. Juli mit September: Bergwerk 9 bis 17 Uhr, Sesselbahn 9 bis 18 Uhr. Oktober: Wieder wie von April mit Juni. Und in der Wintersaison: Vom 2. Weihnachtstag bis 8. Januar: Bergwerk 10–16 Uhr, ab 9. Januar bis 31. März nur Dienstag, Mittwoch und Freitag 13 bis 15 Uhr (Schänke geschlossen). Die Sesselbahn verkehrt von Weihnachten bis Ende März 9 bis 16.30 Uhr.

Auskunft: Wer's noch genauer wissen will: Das Erzbergwerk in Bodenmais hat die Tel.-Nr. 09924/304, die Sesselbahn auf den Silberberg 09924/1808.

Silberbergwerk
Bodenmais

Zu erreichen: Vergleichsweise einfach ist dagegen die Anfahrt in diese Ecke des vorderen Bayerwaldes: Am schnellsten geht's auf der A3 über Regensburg oder auf der A92 bis Deggendorf, von da auf der B11 über Teisnach (ab Deggendorf ca. 30 km).

In Kropfmühl (Niederbayern):
Hinab in die Graphitgrube

Graphit – braucht man das nicht für Bleistifte? Richtig, aber weit mehr für vieles andere, z.B.: Schmelztiegel, Kohlebürsten, Elektroden, Batterien und Akkus, Bremsbeläge, Gleitringe, Dichtungen, Schmier- und Gleitmittel – und sogar für die Nukleartechnik.

Von all dem wußten jene Kelten natürlich noch nichts, die schon vor über 2000 Jahren in Hauzenberg bei Passau ab und zu dieses Material aus dem Boden kratzten. Man sieht davon heute keine Spuren mehr, aber aus sehr vielen Funden in der weiteren Umgebung weiß man genau, wofür sie dieses Material verwendet haben, nämlich für ihre Keramik, manchmal aber auch für feuerfeste Schmelztiegel zur Metallgewinnung. Merkwürdigerweise wußten die Römer, die nach den Kelten hier ansässig wurden, mit Graphit offenbar nichts anzufangen – jedenfalls haben sie keinen abgebaut.

Richtig erschlossen wurde das 100 qkm große Revier erst seit rund 700 Jahren. Im vorigen Jahrhundert betrieb man noch rund 100 kleine Bergwerkerl – wenn man das überhaupt so nennen konnte. Hauptsächlich waren es nämlich Bauern, die mit sehr einfachen Werkzeugen das schwarze Zeug aus dem Boden holten. Und die taten das nur so nebenbei im Herbst und Winter, wenn die Feldarbeit beendet war und man Zeit zum Schürfen hatte. Heute gibt's nur noch ein großes Bergwerk, und das ist die einzige *Graphitgrube* nicht nur in Bayern oder Deutschland, sondern im ganzen Gebiet der EG. Über die Qualität des hier abgebauten Materials jedoch sagt man stolz, sie sei weltweit die reinste überhaupt.

Das *Graphitwerk Kropfmühl AG* hat ein Untertagestreckennetz von 60 km und vier Schächte, von denen der zuletzt angelegte eine Teufe von 270 Metern erreicht. Der hier geförderte Flockengraphit besteht aus Abermilliarden abgestorbener Algen, die – von kalkhaltigen Mineralien überlagert – im Lauf der Erdgeschichte durch hohe Drücke und Temperaturen in kristallinen Kohlenstoff umgewandelt worden sind. Von diesem Urzeitstoff holen knapp 200 Bergleute jährlich 11 000 Tonnen ans Tageslicht, die »vor Ort« gleich aufbereitet und dann in die ganze Welt exportiert werden. Direkt bei der Arbeit kann man da zwar nicht zuschauen, doch es gibt ein *Besucherbergwerk*.

1978 wurde in einem bis dahin genutzten Schacht der Abbau eingestellt, denn man hatte nebendran einen neuen abgeteuft. Die alte Anlage, die nur eine Tiefe von etwas mehr als 40 Metern unter der Erdoberfläche erreicht hatte, machte man zu einem Teil des Bergwerksmuseums. Wie die Bergleute wird hier jeder Besucher »berggerecht« mit einem schwarzen Kittel und einem Helm als Kopfschutz ausgestattet, fährt aber nicht mit dem Förderkorb ein, sondern steigt über steile Treppen zu Fuß bis zur vierten Sohle in 42 m Tiefe etwa 200 Stufen bis da hinab. Ein Führer, der früher selbst hier untertage gearbeitet hat und deshalb bestens Bescheid weiß, zeigt und erklärt, wie das Material abgebaut und abtransportiert wird – durch den Förderschacht nämlich. Und durch den fahren auch die Besucher schließlich wieder empor ans Tageslicht. Schon vor diesem Untertagebesuch wird aber in einem Film die Graphitgewinnung und -verarbeitung

In der Graphit-Grube Kropfmühl

vorgeführt. Man fördert es ja nicht ganz rein, sondern nur mit einem Gehalt zwischen 25 und 40% der Abbaumenge – und da muß nun durch »Flotation«, also mit viel Wasser, der Graphit aus seinen Nebenbestandteilen herausgewaschen werden.

Im noch ziemlich neuen Museum gleich nebendran gibt es nicht nur Handwerkszeug der Bergleute von ehedem zu sehen, sondern auch alte Fördermaschinen, Kompressoren und Notstromaggregate. Besonders interessant: Der riesige Bohrhammer, mit dem die Löcher für die Sprengladungen gemacht wurden. Gesprengt hat man immer kurz vor Feierabend, damit sich über Nacht der Pulverdampf wieder restlos aus dem Schacht verziehen konnte. Was an Hohlräumen ausgeräumt war, wurde gleich wieder mit »taubem« Abraum-Material aufgefüllt, um Senkungen und Einbrüche an der Erdoberfläche zu vermeiden. Was viele Besucher sehr erstaunt: daß hier mit dem Abbau immer auf der tiefsten Sohle begonnen wurde. Das heißt also: Zuerst hat man den Schacht bis in die vorgesehene Tiefe gegraben, dann unten mit dem Abbau begonnen und immer gleich wieder die Hohlräume zugeschüttet. Und wie man sieht, ging's dabei in diesem nun stillgelegten Schacht recht eng zu. Der neue, der jetzt in Betrieb ist, hat größere Dimensionen und läßt deshalb auch eine größere Spurweite für die Gleise der Grubenbahn zu. Neben Bergwerkstechnik zeigt man im *Museum* eine sehenswerte Sammlung der schönsten Mineralien, die in der Grube gefunden wurden. Vor allem aber Musterstücke sämtlicher Produkte, die aus Graphit hergestellt werden oder mal wurden. Ferner gibts oberirdisch rund um das Bergwerk einen *geologischen Lehrpfad,* und stärken kann man sich auch gleich dort in einer Cafeteria, die »Barbarahof« heißt – sinnigerweise, denn die hl. Barbara ist ja die Schutzpatronin der Bergleute.

Zu erreichen: Hauzenberg erreicht man am einfachsten auf der A 3 bis Passau, von dort sind es dann auf einer Landstraße nur noch wenige Kilometer.

Besichtigung: Das Besucherbergwerk samt Museum ist täglich (außer Montag) von 9.30 bis 17.30 Uhr geöffnet. Den ganzen November hindurch bleibt es allerdings geschlossen.

☎ **Auskunft:** Graphitwerk Kropfmühl AG, Langheinrichstr. 1, 8395 Hauzenberg 3, Tel. 08586/2444.

☞ **Umgebung:** Wer noch mehr sehen will: Von Hauzenberg sind es nur wenige Kilometer nach *Obernzell* an der Donau, wo es im alten Schloß ein interessantes *Hafnermuseum* gibt. Das steht in einer sehr engen Beziehung zu Kropfmühl, denn schon im Mittelalter, als Passau noch ein selbständiges Fürstbistum unter der direkten Oberhoheit des Kaisers war – schon damals haben Hafner in Obernzell und in Passau graphithaltige Keramik (Schwarzgeschirr) hergestellt. Und die »Passauer Schmelztiegel« wurden sogar bis in sehr ferne Länder exportiert. Apropos Passau: Die Dreiflüssestadt ist immer aufs neue ein schönes Ausflugsziel. Das Graphitbergwerk Kropfmühl wäre ein weiterer guter Grund, wieder mal hinzufahren.

Eiszeithöhle bei Obermaiselstein (Allgäu):

Im Unterschlupf von Tschudre Mudre

Die *Sturmannshöhle,* einzige begehbare eiszeitliche Höhle des Allgäus (Prospekttext: »Wo das Allgäu einen Riß hat«), entstanden im Diluvium vor etwa 600000 Jahren, ist nicht nach einem Herrn Sturmann benannt, wie man vielleicht vermuten könnte. Früher hieß sie nämlich ein wenig anders, und zwar *Sturmatzloch.* Wobei »Sturmatz« auf Mittelhochdeutsch ehedem soviel wie großer Lärm oder Getöse bedeutete und wohl auf das Rauschen des Wassers im Höhlenbach anspielte. Bei uns heißt die Vorsilbe »stur« heutzutage was ganz anderes, aber in der Bedeutung von groß findet sie sich noch in anderen germanischen Sprachen, zum Beispiel im Dänischen als »stor«.

Was in diesem Loch im *Schwarzenberg* drin so großes Getöse verursachte, wußte man allerdings lange Zeit nicht, weil sich selbst von den Allgäuer Baurabuebe keiner hineintraute. Munkelten doch alte Sagen von einem Drachen, der da drin hausen sollte, aber auch von bösen Höhlengeistern und vor allem von den Höhlenfräuleins Maringga, Tschudre Mudre und Stuzze Muzz – und diese drei sagenhaften Damen sollten gegenüber Eindringlingen keineswegs so nett und neckisch sein, wie sie hießen.

Erst 1815 wagte der Allgäuer Heimatforscher Dr. Geiger den Einstieg, aber er kam nicht weit. Der zweite Erkunder, ein Revierförster Wacker aus Fischen, wäre 1847 da drin fast erstickt. Als es seinen wartenden Begleitern im Eingang zu kühl wurde, hatten sie die Schnapsidee, ein Feuer anzuzünden. Qualm und Rauch drang durch den Sog nach innen. Nach weiteren Versuchen eines Kemptener Landgerichtsarztes kam erst 1886 der kgl. Realschulprofessor Dr. Reiser ein tiefes Stück in das Sturmatzloch hinunter. Darüber stand in seinen Notizen: »Schwarze Nacht starrte uns aus der Tiefe heraus entgegen, wir ließen unsere kürzere Leiter über den Rand und stiegen behutsam zum engen Schlund hinab.« Wegen der schlechten Beleuchtung steckte er allerdings auch bald fest: »Es ging in ziemlich bedeutendem Gefälle weiter, aber die Passage war und blieb an den meisten Stellen eng, durch röhrenartige Schlupfe auf dem Bauch liegend mußten wir hindurchkriechen und schlangenartig uns hindurchwinden ... schließlich war ein Weiterdringen zur absoluten Unmöglichkeit geworden.« 1904 entdeckte aber der Obermaiselsteiner Lehrer Epplen dank einer »modernen« hellen Acetylenlampe doch einen Durchschlupf an einer scheinbar unpassierbaren Stelle, und im selben Jahr drang ein Bergführer-Aspirant am Seil bis zum Höhlenbach hinunter vor.

Als man so weit war, gründeten neun Obermaiselsteiner Männer prompt einen Höhlenbauverein, um diese neue Attraktion für den Tourismus zu erschließen. Bereits im Sommer 1906 zählte man in der damals erst zu einem Bruchteil begehbaren Höhle 2800 Besucher – jeder mit einer Kerze in der Hand und »nicht immer ohne Angst«, wie es in einer Chronik heißt. Zum Sichfürchten besteht hier inzwischen kein Anlaß mehr, auch die Kerze kann man daheim lassen, denn längst gibt's da 180 gut ausgebaute Treppenstufen mit Geländern und eine elektrische Beleuchtung. Etliche von deren Lichtern spiegelten sich bis vor einiger Zeit in einem Höhlensee, aber der ist mittlerweile leider verschwunden – er hat wohl einen anderen und noch tieferen Abfluß gefunden.

Wer in Obermaiselstein ins Innere des Schwarzenbergs vordringen will, braucht keine Taschenlampe, aber was Warmes zum Überziehen, denn sommers wie winters hat es da drunten die gleiche Kühlhaustemperatur von nur etwa 4 °C. Ein Führer zeigt und erläutert die besonderen Punkte, vom »Törle« über die Spalthöhle (mit zwei Stockwerken), durchs »Drachentor« in die Schachthöhle und zum »Theater« und »Adlerschacht«. Nach dem »Höllenrachen« folgt als Endpunkt der Höhlenkessel.

Besichtigung: Die Sturmannshöhle ist von Mitte Mai bis Anfang Oktober täglich (außer Montag) zwischen 9.30 und 16 Uhr geöffnet. Da man nur mit Führer hinein darf, muß man kleine Wartezeiten einkalkulieren. Die Führung selbst dauert etwa 30 Minuten.

Zu erreichen: Ebenfalls 30 Minuten braucht man zu Fuß auf den beiden ausgeschilderten Wegen vom Ort bzw. von der Landstraße Obermaiselstein-Tiefenbach ab »Hirschsprung« bis zum Eingang der Höhle. Mit dem Auto geht »vor Ort« nichts. Parken kann man aber im Ort beim Haus des Gastes. Obermaiselstein liegt nahe bei Oberstdorf und ist am besten auf der B 19 von Kempten über Immenstadt und Sonthofen zu erreichen. Bei Fischen zweigt eine kleine Landstraße ab, auf der es nur noch wenige Kilometer ans Ziel sind.

Auskunft: Gemeindeverwaltung in 8975 Obermaiselstein, Tel. 08326/260.

Am Hohen Peißenberg:
Auf der Kohle-Sohle

Rund um den Hohen Peißenberg entdeckt der Spaziergänger da und dort an einem Wiesenhang, meist schon etwas überwuchert, aus Natursteinen gefügte Eingangsbögen. Inschriften wie »Sulzer Stollen«, »Hermannstollen«, »Hauptstollen« oder »Tobiasstollen« verraten, daß es sich da nicht um ehemalige Bierlagerstätten oder um Luftschutzräume aus dem 2. Weltkrieg handelt, sondern um Abbaugänge des einstigen Kohlenbergbaus, der hier erst Anfang der siebziger Jahre vollends eingestellt wurde – nur deshalb, weil bei der Peißenberger Kohle die »Kohle« nicht mehr stimmte.

Wer diese liebliche Landschaft heute sieht, kann sich ein Kohlerevier mit Fördertürmen in einer solchen Fremdenverkehrsgegend heute kaum mehr vorstellen. Dabei wurde das Brennmaterial nicht nur aus dem Peißenberg geschürft, denn insgesamt fand man Kohlevorkommen im bayerischen Alpenvorland in mehreren Mulden zwischen Lech und Inn. Im Pfaffenwinkel war vor allem die Peißenberger und die Murnauer Mulde von Bedeutung, außerdem die Nonnenwald- und die Penzberger Mulde. Die Vorkommen dort gehen auf tertiäre, bis zu 40 Millionen Jahre alte Sedimente zurück, die sich allmählich in Torfschichten umwandelten, und die verdichteten sich unter zunehmendem Druck nach und nach zu Braunkohleflözen. Das wurde durch die Auffaltung der Alpen vor 25 Millionen Jahren noch beschleunigt und begünstigt, so daß hier schließlich nicht bloß gewöhnliche Braunkohle entstand, sondern eine harte Glanzkohle, hierzulande meist Pechkohle genannt. Und die war zwar nicht ganz so gut wie Steinkohle, aber erheblich besser als die braune – und hier sehr gefragt, als die Ruhrkohle mangels Eisenbahn noch nicht bis nach Bayern transportiert werden konnte.

Außer größeren Kohlebergwerken am Hohen Peißenberg und in *Penzberg* gab's in der Gegend noch eine Menge kleiner Gruben, so zum Beispiel im Ammertal bei der Echelsbacher Brücke oder die St. Martins-Zeche bei Bad Kohlgrub. Nicht unbedeutend war einige Zeit auch die Grube mit dem schönen Namen »Gottes Gnade«, die ein Schmiedemeister zwei Jahrzehnte lang bei Murnau betrieb. Da wurden nicht nur

Stolleneingang zum Kohlebergwerk Peißenberg

zwei waagrechte Stollen in den Berg gegraben, sondern auch ein über 100 m tiefer Schacht abgeteuft – aber irgendwann ging dem Unternehmer die »Kohle« aus – obwohl noch genug Kohle zu fördern gewesen wäre. Auch am Hohen Peißenberg hätte man noch einige Jahrzehnte lang schwarzes Gold abbauen können – es wurde nur immer schwieriger. Mit einer Tiefe von 1200 Metern auf der zehnten Sohle war man nämlich bereits so weit untertage, daß bei Temperaturen von durchschnittlich 38 °C gewerkelt werden mußte – für die Bergleute nicht gerade das Gesündeste! Um aber eine neue, bis heute vorhandene Lagerstätte nebenan zu erschließen, hätte man erst einmal viel Geld hineinstecken müssen – und das erschien zu unwirtschaftlich in jener Zeit, als sogar Ruhrkohle gegen das billige Erdöl ohnehin nur noch mit staatlicher Stütze konkurrieren konnte. So machte man die Zeche am Hohen Peißenberg also 1971 dicht – und damit ein für damals hochmodernes, vollmechanisiertes Bergwerk, das in der Förderung pro Mann den drittbesten Wert in der Bundesrepublik aufzuweisen hatte.

Der größte und am besten erhaltene »Tiefstollen« war hier 1869 angeschlagen, aber schon um 1923 wieder stillgelegt worden, und in ihm ist nun seit einigen Jahren wieder allerhand Betrieb. Allerdings nicht mehr zur Kohleförderung, sondern nur noch zum Anschauen. Denn dieser waagrechte Stollen, der einst 670 m weit in den Berg hineingetrieben worden war, wurde auf einer Länge von allerdings nur noch 200 m wieder begehbar gemacht und ist seitdem das wohl wichtigste und interessanteste Schaustück des *Bergbaumuseums,* das im ehemaligen Zechenhaus gleich neben dem Eingang untergebracht ist. In seinen Vitrinen und Schaukästen zeigt es ebenfalls viel Sehenswertes. Aber den ganz echten Eindruck, wie

Im Kohlebergwerk
Peißenberg

hier ehedem das schwarze Gold abgebaut und gefördert wurde, kriegt man am ehesten halt doch »vor Ort« – hier paßt die modische Redensart aus der Bergmannssprache wirklich ganz genau.

Bergbau wurde am Peißenberg von privaten Unternehmern schon ab dem frühen Mittelalter betrieben, allerdings meist mit mäßigem Erfolg, zumal man offenbar der Qualitätskohle noch nicht auf die Spur gekommen war. Jedenfalls beschwerten sich die Abnehmer in Augsburg damals über »so üble Dämpfe, daß man möcht Ratzen und Mäus, will geschweigen die Menschen damit verjagen«. Durch geschäftliche Händel und Kriegswirren war's dann eh' lange Zeit aus, bis 1837 mit dem Hauptstollen der staatliche Bergbau begann. Wegen wachsender Nachfrage wurden zusätzlich zu etlichen waagrechten Stollen bald auch senkrechte Schächte abgeteuft, von denen heute allerdings nichts mehr zu sehen ist. Direkt vor dem Eingang zum Tiefstollen hat man lediglich den Umriß eines solchen Schachts als Betonring angelegt, um eine Vorstellung von den Ausmaßen zu geben.

Besichtigung: Das Bergbaumuseum und damit den für Besucher zugänglichen Stollen kann man regelmäßig an jedem 1. und 3. Sonntag im Monat von 14 bis 16 Uhr besichtigen. Vom 15. Mai mit 15. September ist zusätzlich am Dienstag von 9 bis 11 sowie am Mittwoch und Donnerstag von 14 bis 16 Uhr geöffnet.

Zu erreichen: Anfahrt am besten über die B 2 bis Weilheim und weiter auf der Landstraße. Die Zufahrt im Ort, abzweigend von der Hauptstraße, ist beschildert.

Auskunft: Für Anfragen bzw. zur Voranmeldung für Gruppen außerhalb der Öffnungszeiten: 08803/5102 (Bergbaumuseum) oder 2236 oder 3270. Wer nicht nur das Museum und den Tiefstollen besichtigen, sondern auch sonst Zeugnisse der Kohleära aufspüren will: Die Broschüre »Vom Tiefstollen zum Cölestinschacht«, verfaßt vom ehemaligen Hauer Sepp Heinlein, ist ein Rundwanderführer zu sämtlichen Stolleneingängen und Wetterschächten, von denen heute noch was zu sehen ist – wenn auch manchmal nur noch spärliche Spuren.

Berghöhle auf dem Wendelstein:
Hoch droben, tief drin

Was hat den Wendelstein so beliebt gemacht? Seine umfassende Aussicht vor allem, seine zwei Bergbahnen (eine davon die älteste alpine in Deutschland – Baujahr 1911!), und die nun schon mehr als 100 Jahre alte höchstgelegene Kirche Deutschlands. Außerdem findet man auf dem Gipfel eine Wetterstation sowie eine Sternwarte und ein Sonnenobservatorium. Bei der Bergstation der beiden Bahnen gibt's ein großes Restaurant und seit einiger Zeit auch ein Appartementhaus. Allerjüngste Errungenschaft auf diesem Berg: Ein Wind-Sonnen-Kombikraftwerk als Pilotprojekt für die Forschung, das jährlich immerhin über 100 000 kW erzeugt, also den Bedarf von etwa 30 Haushalten.

Als ob das alles nicht schon reichen würde, hat der Berg hoch droben auch noch eine sehenswerte Höhle als Teil eines ganzen Höhlennetzes zu bieten. Sie liegt in der Gesteinsformation des Wettersteinkalks, der vor rund 200 Millionen Jahren entstanden ist. Die Alpen gab's damals noch gar nicht, denn die haben sich »erst« vor 60 Millionen Jahren durch Auffaltung gebildet. Der Wettersteinkalk, der damals über jüngeres Juragestein geschoben wurde, hatte zuvor im Urmeer, Tethys genannt, Riffe gebildet. Beim Auffalten entstanden dann natürlich Risse und Klüfte. Einsickerndes Wasser hat sie schließlich zu solchen Höhlen ausgewaschen wie die unterm Wendelsteingipfel. Entdeckt wurde sie erst 1864 von einem

Mann aus Bayrischzell, die erste systematische Erforschung unternahm Professor Max Kleiber (»Wendelsteinvater« genannt) 1882. Und eine exakte Vermessung hat die Gesellschaft für Höhlenkunde erst in unserem Jahrhundert vorgenommen (1921).

Der Eingang liegt heute direkt neben der Bergstation der Zahnradbahn. Vor gut 125 Jahren war die ja noch nicht gebaut, und damals wußte auch noch kein Mensch, daß dieses Gipfelmassiv innen hohl ist. Seit 1962 der jetzige, nicht mehr steinschlaggefährdete neue Zugangsstollen gebaut wurde, kann man die Höhle gefahrlos begehen – sofern sie im Frühjahr nicht noch voll Schnee und Eis ist. Man sieht deutlich und bekommt es durch Infotafeln auch anschaulich gemacht, wie und wodurch solche Höhlen entstanden sind. In der 11 m hohen und 300 m langen Halle am natürlichen Eingang von ehedem findet sich ein interessantes Phänomen: Dieser tiefste Punkt der Höhle ist sehr spürbar eine »Kältefalle«, hier sammelt und staut sich die kalte Luft, die auch im Sommer nicht nach draußen entweichen kann. Zur Zeit der Schneeschmelze entstehen hier durch Sickerwasser bizarre Eisgebilde.

Mal breiter, mal höher winden sich die Gänge im Zickzack auf der anderen Seite etwa 200 m weit in den Berg hinein und enden mit der touristisch erschlossenen Strecke im »Dom«. Was der Besucher hier nicht sieht: Gut 50 m höher befindet sich im Berg eine zweite, geräumigere Klufthöhle, und durch die führt ein Stück des 114 m hohen Fahrstuhlschachts zum Sonnenobservatorium hinauf. Diesen Lift dürfen Besucher allerdings nicht benutzen; wer zum Gipfel will, muß sich (auf einem gesicherten Weg) schon selber hinaufbemühen.

Zu erreichen: Die Talstation der Zahnradbahn ist in Brannenburg am Inn (erreichbar am besten über die A 93 [Inntal-Autobahn]). Seit Sommer 1990 fährt hier ein hochmoderner Triebwagenzug, der in weit kürzerer Zeit viel mehr Leute in die Höhe bringt. Die alten, immer noch zuverlässigen, aber halt schon lange sehr unwirtschaftlichen E-Loks und Originalwagen von 1911 wurden deshalb aber nicht alle verschrottet. Eine Garnitur steht zu Nostalgiesonderfahrten immer noch bereit. Zwei andere Wagen wurden an die Wachtl-Bahn in Kiefersfelden verkauft, wo sie zur Gaudi an Sommerwochenenden weiterhin im Dienst sind.

Die Talstation der Großkabinen-Seilbahn liegt bei Bayrischzell, erreichbar über die A 8 bis Ausfahrt Irschenberg, von dort weiter über Fischbachau. Nach Bayrischzell kommt der Umweltbewußte aber auch sehr leicht und ohne Umsteigen ab München mit der Bundesbahn.

Umgebung: Wer sich für Geologie interessiert, hätte hier außerdem die Möglichkeit, eine der zwei Bergbahnen nur zur Abfahrt zu benutzen, für den Aufstieg aber einen der ausgeschilderten und mit Infotafeln versehenen *Geo-Lehrpfade* zu beschreiten. Ein bißchen mühsam zwar, aber sehr lehrreich. Wer sich darüber informieren will: Es gibt ein kleines Faltblatt über diese Geologie-Pfade. Man erhält es ebenso wie andere Auskünfte rund um diesen Berg und seine Attraktionen bei der Wendelsteinbahn GmbH.

Wer nach der Höhlenfahrt noch in den Himmel schauen will: In der *Wendelstein-Sternwarte* ist an jedem ersten Donnerstag des Monats (auch wenn der ein Feiertag sein sollte) Tag der Offenen Tür, d. h. es gibt von 10.30 bis 15.30 Uhr stündlich kostenlose Führungen für maximal 15 Besucher.

☎ **Auskunft:** Wendelsteinbahn GmbH, Kerschelweg 30, 8204 Brannenburg/Inn. Tel. 08034/2071 und 2072. Oder auch bei der Wendelstein-Seilbahn in 8163 Bayrischzell-Osterhofen, Tel. 08023/782.

In Stein an der Traun (Chiemgau):
Deutschlands größte Höhlenburg

So dieser wilde Mann tatsächlich mal gelebt hat, dann muß er ein rechter Saukerl und Leut'schinder gewesen sein, der »edle« (Raub-)Ritter *Heinz vom Stein.* Von dem berichtet nämlich die Sage unter anderem, wie er's zu einem Dutzend Frauen brachte, die er allesamt abmurksen ließ (wogegen der vielzitierte Heinrich VIII. von England fast ein Waisenknabe gewesen wäre). Jungfrauen, die er schänden wollte, raubte er ganz einfach. Damen, die ihm nicht genug Lust bereiteten, hatten kein langes Leben mehr vor sich. Schließlich soll ihn bei seiner Hinrichtung zu Burghausen sogar der Teufel höchstpersönlich in die Hölle abgeholt haben. was man ihm durchaus gönnen mag angesichts all der Brutalitäten, die diesem Raub- und Mordritter nachgesagt werden.

Wahrscheinlich war's aber nicht bloß ein einziger Mann, denn im Laufe der Geschichte hausten auf der Burg Stein an der Traun (zwischen Altenmarkt und Traunreut im Chiemgau) halt immer wieder mal nicht gar so edle Ritter, deren Untaten man – stark aufgebauscht – dann allesamt dieser legendären Figur des wilden Heinz unterschob.

So brannte zum Beispiel mal ein Burgherr (der allerdings nicht Heinz, sondern Rapoto hieß) das nahe Kloster Baumburg bis auf die Grundmauern nieder, nahm die Mönche gefangen und erpreßte für sie ein hohes Lösegeld. Dann wieder war's ein Ritter Heinrich, der als Vogt des Klosters Michaelbeuren dessen Untertanen dermaßen malträtierte, daß sie in Scharen flüchteten. Zeitweise müssen hier also ziemliche Unmenschen, Galgenvögel und Mordbrenner gehaust haben – dann aber auch wieder recht ordentliche Burgherren. Große Geschichte fand freilich in und um Stein nie statt – man weiß lediglich, daß die Burg zweimal erobert wurde (1231 und 1435). Später galt sie dann als uneinnehmbar, und auch das Heer des mächtigen Kaisers Maximilian I. schaffte es 1504 im Landshuter Erbfolgekrieg nicht, das Felsennest zu stürmen.

Eigentlich stehen da übereinander gleich drei Schlösser und Burgen, aber interessant ist in unserem Zusammenhang vor allem die mittlere Behausung, denn bei der handelt es sich um Deutschlands größte Höhlenburg. Vor ungefähr 900 Jahren hatte man die natürlich entstandenen Aushöhlungen in

Älteste Ansicht der Höhlenburg. Holzschnitt nach Philipp Apian.

der 50 m senkrecht aufsteigenden Felswand vorne abmauern lassen und bekam damit auf einfache und billige Weise ein fast unüberwindbar sicheres Nest im Berg. Falls der unedle Heinz vom Stein hier gehaust hat, dann konnte »schöner Wohnen« für ihn noch kein Begriff gewesen sein, denn es handelt sich bei diesen Höhlengelassen zwar um sehr ausgedehnte Räumlichkeiten, aber auch um recht feuchte und finstere. Der Burgführer geleitet die Besucher durch *Kavernen,* die so hochtrabende Namen haben wie »Tanz- und Rittersaal« oder »Eßzimmer«, aber auch Wehrgänge gibt's da, eine Küche mit 25 m tiefem Brunnen, Wohn- und Schlafgemächer, außerdem ein Gefängnis mit Falltür und vor allem das Schlafgemach für die vom wilden Heinz geraubten Frauen. Das alles ist im Innern des Berges durch einen Gang und durch Treppen mit dem darüberliegenden Hochschloß verbunden, von dem aus man einen herrlichen Ausblick übers Trauntal und auf die Alpenkette hat. Im unteren Schloß sind heute die Brauerei und ein Internatsgymnasium recht feudal untergebracht.

Den Besuchern erzählt die Führerin schaurige Geschichten über den verrufenen Burgherrn, der auch schon früh zu literarischen Ehren kam. Anno 1782 verfaßte Lorenz Hübner ein »vaterländisches Trauerspiel« über Heinz vom Stein, das auf keiner geringeren Bühne als im Münchner Hoftheater uraufgeführt wurde. Die Handlung um den »wanstichten Molch« Ritter Heinz ist herzerweichend, und da gibt's mehr Leichen als im schlimmsten Fernsehkrimi und ebenso viele wie bei den Kiefersfeldener Ritterspielen. Im Vorwort zu seinem Stück schrieb damals der Autor Hübner, es sei vielleicht manches Detail nicht ganz sicher, jedoch: »Daß aber diese Felsenburg eine Freistätte für Räuber, Mörder und derglei-

Tür zu »Waltrauds Zimmer«, Höhlenburg Stein

chen gewesen sein muß, erhellet theils aus den vielen in Felsen ausgehauenen Gefängnissen, theils auch aus einer auf einem weit hervorragenden Felsenauswuxe geebneten Köpfstätte, worauf man noch heute zu Tage halb vermoderte Menschenknochen antrifft; und wohin ein ordentlicher Ausgang der Felsenburg angeleget ist.«

Amüsant liest sich ein Gedicht aus einem alten gereimten Unterrichtsblatt für die Heimatkunde in Schulen. Da heißt es z.B.: »Am tollsten trieb es Heinz vom Stein. Aus unterird'-

schem Gang kam wie ein Eber er heraus und tat manch guten Fang. Sein Körperbau war kolossal, doch das Gesicht ein Graus! Zwei Eberzähne stießen vor, noch übern Bart hinaus.« Und wiedergegeben ist auf diesem Blatt auch eine Inschrift, die Mitte des Jahrhunderts auf dem Steiner Hochschloß noch neben einem Konterfei des Wüstlings zu lesen war: »Heinz von Stein, ein wilder Schnapphahn, der Maidleins hat viel Leid anthan. Aber die Münchner in allen Ehren, dieweil er that das ganze Land beschweren, die Wasser- und Salzburger all' mitsamt ihm's Handwerk geleget han, denn sie brachen ihm die Veste. Siegfried Gebsattel that das beste, er stach den Hainz todt zum Lohn, und (der) war sein Sohn – wußt nichts davon.«

Oskar Renner legte vor 20 Jahren seinen deftigen, aber sehr viel seriöseren Historienroman und Florian Bayer eine Legendensammlung über diesen Mann vor. Seit einigen Jahren finden hier die Steiner Burgfestspiele statt, bei denen der Raub- und Raufritter immer wieder fröhliche und grausige Urständ' feiert. Der »Macher« und Stückeschreiber dieser Ritterspiele im Dreijahresturnus heißt Gerhard Franz Xaver Unterforsthuber, und der weiß selber, daß sein Held wohl keine historische gesicherte Figur ist, sondern eine Sagengestalt, in der sich Eigenschaften und (Un-)Taten einiger wirklicher Burgherren mit etlichen Legenden in eins vermischen. Aber Unterforsthuber ist sogar ganz froh, daß kein Nachweis für die tatsächliche Existenz eines »Hainzen vom Staine« existiert, denn er sagt: »So nahm ich nun den historisch exakt darstellbaren Zeithintergrund von 1190 bis 1220 und ließ darin meine Version dieses Ritters ein pralles Leben führen. Ausbleiben konnte nicht, daß der damalige tages- und kirchenpolitische Hintergrund mit auf die Bühne kam: Der Streit des

Kaisers mit den Päpsten, die Abwendung des Volks von den Klerikern, die Sinnlosigkeit der Kreuzzüge, die ersten kaiserlich beglaubigten Hinrichtungen von Ketzern, die grenzenlose Armut des Volks.« Weshalb man aber nicht glauben darf, dieses Freilichtspektakel mit Rossen und Reitern sei ein trockenes Geschichtslehrstück. Denn da finden nebenbei auch »grimmige Turniere von todesmutigen Rittern zu Pferd und zu Fuß« statt – und an Sonntagen ein mittelalterliches Marketendereitreiben.

Was die drei Burgen betrifft, so gab's einst für etliche Zeit folgendes Kuriosum: Da wurde zwischen Bayern und dem Erzbistum Salzburg eine neue Grenze festgelegt. Und die verlief so dumm, daß die obere Burg Stein von nun an salzburgisch war, während die untere samt der Höhlenburg in der Mitte auf bayerischer Seite blieb. Das war unter den Grafen von Toerring, unter deren Herrschaft in Stein schon 1565 die Tradition des Bierbrauens begründet wurde. Und dieses Steiner Bier ermöglicht heute die Steiner Festspiele, denn die Brauerei, der dieser ganze Burgenkomplex gehört, stellt dafür ihre Liegenschaften zur Verfügung.

Nach den Grafen von Toerring und diversen Adeligen, Bankiers und Geschäftsleuten hausten zuletzt als Eigentümer manchmal recht exotische Leute im Steiner Schloß, so die Witwe des Kaisers Dom Pedro von Brasilien, Tochter von Bayernkönig Max I. (Amalie von Leuchtenberg). Danach ihr russischer Neffe Nikolaus Romanowskij, dann die Arco-Zinnebergs usw.

Besichtigung: Die Höhlenburg ist nur mit Führungen durch den Verein der Freunde der Burg Stein e.V. zu besichtigen, und zwar vom 1. Mai mit 30. September täglich (außer

Mo.) um 14 und 15 Uhr, vom 1. mit 31. Oktober nur an Di., Do., Sa. und So. um 14 Uhr.

Auskunft: Informationen gibt es beim Verkehrsverein Stein/Traunreut, Rathausplatz, 8225 Traunreut, Tel. 08669/32157.

Die Steiner Spiele finden turnusmäßig erst wieder 1995 statt. Auskunft bei G.F.X. Unterforsthuber Tel. 08669/37712.

In Bad Reichenhall:
Kavernen für flüssiges Salz

Daß man in Reichenhall aus Sole Salz sieden kann: Schon die Leute aus der La Tène-Zeit hatten das entdeckt, und nach ihnen die Kelten und die Römer. Was sie alle freilich über die Herkunft dieses Segens noch nicht so genau wußten, schildert heute ein Prospekt über die *Alte Saline* so: »Unter der malerisch gelegenen Burg Gruttenstein entspringen aus den Klüften des Gebirges die berühmten Bad Reichenhaller Solequellen. Mit Mineralanteilen bis zu 26% zählen sie zu den gehaltreichsten des europäischen Kontinents.«

Freilich sprudelt hier das flüssige weiße Gold nicht von selber aus dem Boden wie anderswo manche Süßwasserquelle – sondern: »Ein weitverzweigtes Netz von Stollen und Gängen erschließt die für Heilkuren und Salzgewinnung wertvolle Sole.« Und ein Teil dieser unterirdischen Anlagen ist unter dem *Quellenbau* der *Alten Saline* für Besucher zugänglich. Perfekt und bis in unsere Tage brauchbar ausgebaut wurden die Förderanlagen schon vor langer Zeit von einem Meister, den Herzog Georg der Reiche, der Salzmonopolinhaber, mit dem damals sehr kühnen Ingenieurbauwerk beauftragte. Diesen Mann – berühmt vor allem als Bildhauer – kennt jeder, der mal im Münchner Stadtmuseum war, denn da stehen als wohl bekanntestes Exponat seine Moriskentänzer. Dort sieht man, daß Erasmus Grasser ein kunstvoller Bildhauer und Holzschnitzer war – in Reichenhall dagegen hat er bewiesen,

Wasserkraft-Treibräder im Quellenbau

daß er auch ein Baumeister war, der sich sogar vor der Ingenieurkunst späterer Zeit nicht hätte verstecken müssen. Das marmorne Gewölbe, in dem er den Hauptbrunnschacht faßte, war baulich so perfekt, daß es seit 450 Jahren bis heute seinen Dienst tut – ebenso der ausgemauerte Grabenbachstollen (2 km lang und 12 m unterm Straßenniveau), den man vom Brunnhaus bis zur Mündung in die Saalach sogar mit dem Boot befahren kann – allerdings darf's nur das Personal zur Revision, und leider nicht der Besucher.

Was dagegen jeder in der Tiefe unterm Quellenbau selber bestaunen kann: Die unglaublich primitiven Gestänge, mit denen da in den verwinkelten Stollen um sechs Ecken herum die alten Solepumpen angetrieben werden. Aber so handgeschnitzt und zusammengebastelt diese Maschinerie aussieht, zuverlässig fördert sie das Salzwasser aus den 40 m tief gelegenen Quellen. Und ebenso pannenfrei funktionieren bei dieser Anlage die beiden Wasserkraft-Treibräder mit je 13 m Durchmesser, die – wie die Pumpen und das Gestänge – ebenfalls von Georg von Reichenbach schon vor 150 Jahren hier eingebaut wurden und nur ab und zu ein Paar Tropfen Öl benötigen. Opas Technik war das halt noch: langsam – aber Qualität!

Unter dem Quellenbau in der alten Saline

Schon lange reicht die hier geförderte Sole für die moderne Saline nicht mehr aus. In neuerer Zeit wurden ergiebige Solequellen in Tiefen bis zu 600 m durch Bohrungen erschlossen. Und zusätzlich fließen durch eine Pipeline die im Berchtesgadener Bergwerk gewonnenen Salzwässer nach Reichenhall.

Reichenhaller Salz war aber auch schon früher eine gefragte Handelsware, die weit verfrachtet wurde – und diesen Salztransporten verdankt München seine Gründung. Irgendwo mußten die Karrentrecks oder Saumtiere über die Isar, und als Herzog Heinrich der Löwe die hölzerne Brücke des Freisinger Bischofs bei Oberföhring anzünden und statt ihr bei seinem Dorf Munichen eine neue bauen ließ, da war diese Brandstiftung das Startsignal für die Gründung der Stadt, die künftig am Handel und Transport von Reichenhaller Salz mitverdiente.

Heute werden in Reichenhall nur noch die ganz hochprozentigen Salzwässer versotten. Die geringerwertigen fließen verschiedenen Kuranstalten zu, einen Teil davon pumpt man aber auch über das riesige Gradierwerk aus Weißdornwänden im Kurpark. Die salzhaltige Luft drumherum ist gut gegen Erkrankungen der Atemwege. Wer außerdem gern mal einen Schluck Reichenhaller Sole verkosten möchte: Im Kurpark sprudelt auch ein Salzbrunnen. Und in der Alten Saline werden als Mitbringsel etliche salzhaltige Spezialitäten verkauft, darunter Salzpastillen gegen Husten und Heiserkeit und Salzbonbons, die kurioserweise gegen Durst und Schwitzen an heißen Tagen und bei Bergtouren helfen.

Wie heutzutage die vielerlei Bad Reichenhaller Markenprodukte hergestellt werden, zeigt ein interessanter Film im Quellenbau.

Besichtigung: Die Anlage kann man nur mit Führungen besuchen (Dauer ca. 45 Minuten), und zwar zu folgenden Zeiten: April mit Oktober: Täglich 10 bis 11.30 und 14 bis 16 Uhr. November mit März: Dienstag und Donnerstag 14 bis 16 Uhr.

Auskunft: Saline Bad Reichenhall, 8230 Bad Reichenhall, Tel. 08651/700251 oder von der Staatl. Kurverwaltung, Wittelsbacherstr. 15, Tel. 08651/6060.

Salzbergwerk in Berchtesgaden:
Drunten im Obersalzberg

»Um sohin in die Schatzkammer Bayerns gelangen zu können, wird man dortselbst mit dem nöthigen Bergkleide und Fahr-Lichte versehen, auch auf Verlangen mittels eines Bergwägelchens oder sogenannter Wurst, gewöhnlich in das gegenwärtig mehr als 60/m Eimer Soole fassende Sinkwerk Kaiser Franz I. gefahren; jedoch bleibt es jedem Besuchenden unbenommen, sich auch zu Fuß einfahren zu lassen.«

So wurde anno 1837 in einem Reiseführer der Besuch im *Salzbergwerk* von Berchtesgaden beschrieben. Im Prinzip hat sich daran bis heute kaum was geändert – von ein paar Kleinigkeiten abgesehen: So wichtig und kostbar ist Salz, das einstige »weiße Gold«, heute nicht mehr, als daß man bei diesem Bergwerk noch von der Schatzkammer Bayerns sprechen könnte. Sich auch »zu Fuß einfahren zu lassen«, das geht heute nicht mehr – heute wird der Besucher grundsätzlich per »Wurst« durch den Einfahrtstollen transportiert. Anders wär's auch gar nicht mehr zu machen, denn wenn man hier 1840 erst ganze 19 interessierte Gäste zählte, so sind es jetzt pro Jahr weit mehr als eine halbe Million, an einem einzigen Tag manchmal fast 6000. Die Grubenwagen werden auch längst nicht mehr von Hand geschoben, sondern sind schon seit 1911 in eine elektrische Bahn mit Seilzug umgebaut worden.

Bei so viel Andrang kann selbst für höhere Herrschaften nicht mehr ein derartiges Trara veranstaltet werden wie 1856, als König Maximilian II. samt großem Gefolge das Bergwerk zu besichtigen geruhte. Eigens zu diesem Anlaß wurde da drin eine Festbeleuchtung installiert, die dem Herrscher als Gruß ein riesiges »Glück auf!« entgegenflimmerte. Der Chor der Bergleute sang in der Tiefe, Fanfaren schmetterten, und schließlich wurden gar noch an die drei Dutzend Kanonenschüsse als Salut abgefeuert – in den Gängen untertage muß das ein Heidenspektakel gewesen sein. Übrigens: Auch die königlichen Hoheiten wurden damals mit einem »Arschleder« ausgestattet – so nennt man eine Unterlage, die als Schutz für den Allerwertesten auf den Rutschen im Bergwerk dient. Wer dennoch Angst um seinen Podex oder vor jähen Ortsveränderungen hat, kann daneben auch über Treppen steigen. Auf jeden Fall wird man zünftig eingekleidet mit einer weißen Hose, einer schwarzen Jacke und einem schwarzen Hut.

Der Besuch des Königs hing nicht etwa mit der Eröffnung des Salzbergwerks zusammen – die fand bereits 1517 statt, als der Petersbergstollen angeschlagen wurde. Berchtesgaden gehörte damals noch lange nicht zu Bayern, sondern war ein reichsunmittelbares Augustiner-Chorherrenstift, regiert von dessen Fürstpröpsten. Über die »Größe« des Ländchens inmitten hoher Berge ging das Scherzwort um, das Territorium sei fast höher als lang oder breit. 1803 bekam es durch den Reichsdeputationshauptschluß zusammen mit Salzburg der Großherzog von Toscana zugesprochen, aber schon zwei Jahre danach wurde Berchtesgaden österreichisch. Und wieder wenige Jahre danach kam es 1809 im Wiener Frieden zum damals noch nagelneuen Königreich Bayern. 1816 gab König Max I. den Befehl, eine leistungfähige »Pipeline« vom Obersalzberg in Berchtesgaden bis zur Saline in Reichenhall zu

Einfahrt ins Salzbergwerk

bauen. Sowas hatten auch schon viel früher mit einer Holzröhrenleitung die Gebrüder Reiffenstuel gemacht. Eine solche Transportmethode bot sich deshalb an, weil das Salz in Berchtesgaden nicht mit der Spitzhacke in Brocken abgebaut wird. Man spült es – auch heute noch – in »Sinkwerken« aus dem Gestein. Die Soleleitung über den Paß Schwarzbachwacht blieb fast eineinhalb Jahrhunderte bis 1961 in Betrieb – dann wurde eine neue Rohrlinie über Hallthurn nach Reichenhall gebaut, wo nach wie vor das Salzwasser aus dem Berchtesgadener Werk eingesotten und weiterverarbeitet wird. (Siehe auch Seite 125)

Im Berchtesgadener Land ist das Salzbergwerk heute die zweitwichtigste Besucherattraktion nach dem Königssee.

Floßfahrt auf dem Salzsee

Das heißt: Trotz Verbesserungen, die vor zehn Jahren gemacht wurden, kann es auch heute in der Hochsaison schon wieder mal vorkommen, daß man eine Weile warten muß, bevor man einfahren kann. Eine Besichtigung läuft so ab: Zuerst zum Anziehen der Bergwerkskluft in das Umkleidegebäude. Dann in der Einsteighalle rittlings auf die Wagen der Grubenbahn. Jeder Zug faßt 25 Personen, die mit 1,6 m/sec. durch einen 650 m langen Stollen bis zum Kaiser-Franz-Sinkwerk gezogen werden. Diese 17 m hohe »Halle« mit einer 3000 qm großen Decke birgt jene lustige Attraktion, wegen der man das »Arschleder« umhat. Die 34 m lange Rutsche, auf der man eigenhintrig auf längst glattpolierten Hölzern 12 m in die Tiefe saust. Am Boden des Sinkwerks erfährt man dann auch, wie mächtig der Salzstock in diesem Berg ist: 1500 m lang, 2500 m breit und 450 m hoch. Die Stollen, die zur Erschließung angelegt wurden, summieren sich zu einer Gesamtstrecke von 30 km.

Durch einen Stollen geht man nun in die König-Ludwig-II.-Grotte, die ob ihrer herrlich kitschigen Beleuchtung den Besuchern manches »Ahh« und »Ohh« entlockt. Am weiteren Weg liegen zwei Filmräume, wo man sich in einem siebenminütigen Farbstreifen kurz über die Entstehung des Salzstocks aus einem Urmeer und über den Abbau und die Weiterverarbeitung informieren lassen kann. Man vermag sich's heute zwar kaum noch vorzustellen, daß in dieser Gegend vor Abermillionen Jahren aus den Urozeanen Binnenmeere entstanden, deren Wasser nach und nach verdunstete – das Salz blieb zurück und wurde später durch Gesteinsschichten überlagert.

In einem Füllort-Blindschacht und an einem Streckenvortrieb mit mächtigen Bohrern sieht man, wie die Arbeit hier abläuft. Absoluter Höhepunkt in der Tiefe ist aber die Fahrt über den Salzsee. Diese 100 × 30 m große und etwa 2 m tiefe Lacke voll 27%iger Sole ist der Rest eines ehemaligen Sinkwerks. Insgesamt gibt es im Berg 120 solche Hohlräume, von denen noch etwa eineinhalb Dutzend in Betrieb sind. Nach einer Floßfahrt über dieses Wasser, in dem sich die Uferbeleuchtung spiegelt, führt ein mit Wasser aus dem Salzstock herausgespritzter Gang zu einer technischen Rarität: Zur Reichenbachschen Solehebemaschine, einem Bronze-Koloß von 14 Tonnen Gewicht. Im Brunnhaus Ilsank hatte diese Pumpe von 1817 bis 1927 klaglos 110 Jahre lang Dienst getan, ohne daß je Reparaturen nötig geworden wären. Zum Schluß wird man über einen pfiffigen Schrägaufzug schnell 23 m höher auf das Niveau des Ausfahrtstollens gebracht, wo bereits der Zug mit dem »Wurstwagen« wartet.

Besichtigung: Vom 1. Mai mit 15. Oktober (sowie zuvor bereits zu Ostern) täglich 8.30–17.00 Uhr – ausgenommen am Pfingstmontag, denn da feiern die Bergknappen alljährlich ihr großes Bergfest. Vom 16. Oktober mit 30. April nur werktags 12.30–15.30 Uhr. Die Besichtigung dauert etwa 1 Stunde, doch mit Umkleidezeiten sollte man etwa 1 1/2 Stunden einkalkulieren. Für Anfragen: Tel. 08652/6002-0

Im Untersberg (Berchtesgadener Land):
Das tiefe Eisloch hoch droben

Manchmal nennt man sie Deutschlands größte erschlossene *Eishöhle* – manchmal sogar die einzige. Aber auf jeden Fall zutreffend ist der Slogan des Markt Schellenberger Vereins für Höhlenkunde, der sein hochgelegenes, aber tiefes Loch im Untersberg als das »Eiswunder im Berchtesgadener Land« lobt. Und das ohne Übertreibung, denn wer dieses Glitzern und Funkeln im Lichtschein der Magnesiumfackeln gesehen hat, den reut bestimmt der etwas mühsame Anmarsch nicht. Eigentlich wäre ja fast schon die Rundsicht vom Eingang der Höhle den etwa zweieinhalbstündigen Aufstieg wert. Man kann's allerdings auch etwas bequemer haben, indem man von österreichischer Seite aus mit der Kabinenbahn aufs Geiereck fährt – von dort sind es dann nur eineinhalb Gehstunden.

»Zieht euch warm an!« – daran sollte man vor dem Besuch dieser Eishöhle selbst im Hochsommer denken, denn am tiefsten Punkt der Führung, in der Fuggerhalle, 55 Meter unter dem Eingang, schwanken die Temperaturen im Jahreslauf lediglich zwischen −4 und +1,5 °C, in der höher gelegenen Josef-Ritter-von-Angermayer-Halle (21 m unter der Eingangsschwelle) zwischen −8,8 und +0,5 °C, und während des Sommers liegen die Temperaturen im Führungsteil der Höhle zwischen −0,5 und maximal +1,0 °C.

In der Eishöhle

Die Herren Angermayer und Fugger sowie Alexander von Mörk, der Entdecker und deshalb Namensgeber des Mörk-Doms, haben sich besonders um die Erforschung der Schellenberger Eishöhle bemüht. Wer diese Pracht im Berg als erster entdeckt hat, und wann das war, weiß man nicht. Der früheste amtliche Vermerk findet sich erst in einer bayerischen Generalstabskarte von 1826, wo sie als »Schellenberger Eisloch« eingetragen war. 1874 berichtete dann als erster Höhlenforscher der Salzburger A. von Posselt-Czorich über das

Eiswunder im Bergesinneren. Aber es ist anzunehmen, daß den Einheimischen diese Besonderheit schon viel früher bekannt war – obwohl man sich ja lange Zeit hindurch in Höhlen aller Art kaum hineinwagte, die Berge als bedrohlich und grauenhaft gemieden wurden, wenn man nicht unbedingt dort hinauf und drüber mußte.

Für Besucher konnte diese Schauhöhle erst 1925 eröffnet werden. Bereits im ersten Jahr kamen 2000 Schaulustige – jetzt sind es aber sechs- bis siebenmal so viele pro Saison. Der ganze Rundweg im Innern des Berges ist mit Laufplanken und Holztreppen trittsicher ausgebaut. Man braucht also keine Steigeisen, Grödeln oder sonstige Spezialausrüstung. Die Eisschichten, über die man geht, sind bis zu 30 m dick und in der Fuggerhalle – wie die Pollenanalyse von Schmutzschichten ergab – etwa 3000 Jahre alt. Hier handelt es sich – im Gegensatz zur nahebei im Österreichischen gelegenen »Eisriesenwelt« im Tennengebirge – um eine statisch und nicht dynamisch bewetterte Eishöhle. Woher das kommt und was es zu bedeuten hat, das erklärt der sachkundige Führer. Und man erfährt auch, wie und wann das Eis hier jedes Jahr wächst, und daß man jährlich 800 bis 1200 Arbeitsstunden aufwenden muß, um die Höhle begehbar zu erhalten.

Zu erreichen: Marktschellenberg erreicht man am schnellsten über die A 8 bis Salzburg Süd und weiter auf der B 305 Richtung Berchtesgaden. Wer von Markt Schellenberg aus auf guten Wegen und größtenteils durch schattigen Hochwald aufsteigt, muß nicht viel Brotzeit mitschleppen: Nach 2 1/2 Stunden erreicht man die Toni-Lenz-Hütte (auf 1450 m Höhe), wo es während der Saison (Pfingsten bis gegen Ende Oktober – je nach Wetter) jederzeit was zu essen und zu trinken und auch Übernachtungsmöglichkeiten gibt (12 Betten und 12 Matratzenlager). Von hier aus sind es zur Höhle noch etwa 20 Minuten.

Besichtigung: Die Führung dauert 45 Minuten und findet nur zwischen Pfingsten und Ende Oktober täglich von 10 bis 16 Uhr zu jeder vollen Stunde statt.

Auskunft: Verkehrsamt in 8246 Marktschellenberg, Tel. 08650/352.

Bodenmais – Pottenstein – Berchtesgaden

Heilung im Untergrund

Speläotherapie – dieses Wort ist noch so neu, daß man es in den meisten Lexika bislang vergeblich sucht. Die damit benannte Heilmethode gibt es aber nachweislich schon seit mindestens 200 Jahren. Vielleicht ist man da und dort sogar noch früher zufällig draufgekommen, daß sich der Aufenthalt untertage positiv auf die Gesundheit auswirken und Erkrankungen heilen helfen kann. Es handelt sich also – so der Spezialist Dr. Hellmut Hille aus Freiburg – um ein natürliches Heilmittel, um eine Sonderform der Klimaanwendungen, wobei die Speläotherapie etwas sonst in der Natur sehr Seltenes anzubieten hat: Ein ganzjährig konstantes Klima. Anwendungsgebiete sind vor allem Erkrankungen der Atemwege.

Es gibt zwar eine Arbeitsgemeinschaft der Orte mit Untertageklimatherapie, die sich jetzt »Deutscher Speläotherapieverband« nennt, aber eine große Organisation ist das nicht: In ganz Deutschland hat sie nur sieben Mitglieder.

Bodenmais (Bayerischer Wald): Erzbergwerk im Silberberg (siehe auch Seite 95)

Seit 1986 wird ein Seitenstollen dieses Besucherbergwerks für die Speläotherapie genutzt. In diesem Heilstollen gibt es 30 Liegeplätze, die Temperatur beträgt konstant 5°C bei etwa 98% Luftfeuchtigkeit. Kurbehandlungen finden vom 1. Mai mit 31. Oktober statt, und zwar täglich 10–12 Uhr. Für die Betreuung der Patienten untertage sind Helfer vom Roten Kreuz da. Von Bodenmais zum Silberberg hat das Kur- und Verkehrsamt einen Fahrdienst eingerichtet. Als Mindestdauer für eine Kur werden aufgrund bisheriger Erfahrungen drei Wochen empfohlen.

Auskunft: Kur- und Verkehrsamt Bodenmais, Tel. 09924/77834.

Teufelshöhle in Pottenstein (Fränkische Schweiz) (siehe auch Seite 39)

Im abgeteilten Therapiebezirk dieser Schauhöhle stehen drei Räume für Erwachsene und eine Therapiestation für Kinder zur Verfügung. Als Anwendungsbereiche werden genannt: Asthma bronchiale, chronische Bronchitis, Heuschnupfen, allergische Hautkrankheiten, Keuchhusten und die Rekonvaleszenz danach. Die Temperatur beträgt hier konstant 9°C. Als Kurdauer empfiehlt man bei Erwachsenen mindestens zwei bis drei Wochen – bei Kindern richtet sie sich nach der Entscheidung des am Ort behandelnden Arztes. Aber auch die Erwachsenen müssen vorher eine ärztliche Untersuchung auf Kurtauglichkeit absolvieren.

Die Liegekur-Zeiten: Zwischen 1. März und 30. November täglich von 9–11, 11–13 und 15–17 Uhr. Für die erste Therapie-Sitzung am Vormittag gibt es einen Kleinbustransfer von Pottenstein zur Therapiestation in der Höhle und zurück.

Auskunft: Kurverwaltung Teufelshöhle, Tel. 09243/708-41 oder 42.

Heilstollen im Salzbergwerk Berchtesgaden

(siehe auch Seite 127)

Erst seit Anfang 1991 gibt es im berühmten Besucherbergwerk Berchtesgaden einen Heilstollen, der als der größte Deutschlands in einem Salzbergwerk bezeichnet wird. Einweihungsredner verstiegen sich aber auch zu Formulierungen wie »schönste Anlage dieser Art in Europa« und »eine Einrichtung, die einmalig in der Welt ist«. Unbestrittene Tatsache: Es war mühsam und teuer, diesen Therapiestollen mit 800 qm Fläche, einer Höhe bis zu 7 m und 130 Liegeplätzen auf verschiedenen Terrassen zu schaffen – 3200 Kubikmeter Salzgestein mußten dazu aus dem Berg gefräst werden.

Die Temperatur liegt stets bei 10 bis 11 °C, die Luftfeuchtigkeit beträgt 65 bis 75%. Der Therapieeffekt wird noch verstärkt durch einen solehaltigen Springbrunnen in der Mitte des Liegeraums. Die 700 m lange Einfahrtstrecke legt man mit der elektrischen Grubenbahn zurück.

Als Anwendungsmöglichkeiten werden genannt: Erkrankungen der Atemwege einschließlich aller Formen der Nebenhöhlenentzündungen, der chronischen bzw. obstruktiven Bronchitis und des allergischen wie nichtallergischen Asthmas. Ohne ärztliche Überweisung geht für ambulante Patienten hier aber nichts. Als sinnvolle Dauer und Häufigkeit, die nicht unterschritten werden sollte, nennt man zehn Stolleneinfahrten möglichst innerhalb von 14 Tagen in fünftägigem Turnus, Aufenthaltsdauer jeweils zwei Stunden (einschließlich Ein-und Ausfahrt). Der Kurstollen wird als Privatunternehmen betrieben von der Berchtesgadener Klinik in der Stanggaß.

☎ **Auskunft** erhält man dort unter Tel. 08652/6090.

Für besonders Interessierte:
Ein herzliches Glück tief!

Wer ab und zu eine Schauhöhle besucht, der mag vielleicht so fasziniert sein, daß in ihm eines Tages der Entschluß heranreift, mehr darüber zu wissen und zu erfahren. Und: wo könnte man denn selbst noch Höhlen erkunden, die nicht jedes Jahr von tausenden Besuchern überlaufen sind?

Wer sowas ernsthaft will, dem bleibt eigentlich kaum was anderes übrig, als sich entweder einem erfahrenen Höhlenführer anzuvertrauen oder aber einem Verein beizutreten. Denn die Erforschung von Höhlen war schon früher nur selten der Alleingang einzelner, und heute ist dazu mehr denn je Teamarbeit nötig.

Deutschland ist zwar mit Höhlen nicht gerade überreichlich von der Natur bedacht worden, aber dennoch gibt es hier – genau wie auch in Österreich – eine bundesweite Organisation der Amateurspeläologen. Verglichen mit manchen Massenzusammenrottungen wie den großen Automobilclubs handelt es sich da eher um Liliputvereine. Aber immerhin: Über 1200 Mitglieder hat der Verband der Deutschen Höhlen- und Karstforscher doch, und viele davon sind in regionalen Arbeitsgruppen und örtlichen Vereinen organisiert. Eine der größten davon ist der Verein für Höhlenkunde in München mit über 200 Mitgliedern. Wer sich für die Erforschung von Höhlen interessiert und auch ziemlich Freizeit dafür opfern will, der ist willkommen. Man muß sich aber darüber im klaren sein: Spaziergänge wie in der gut ausgeleuchteten und mit Treppenstufen und Geländern gesicherten Schauhöhle sind »Befahrungen« mit solchen Höhlenfreaks nicht. Da muß man hart im Nehmen sein und darf sich nicht viel draus machen, wenn man auch mal bäuchlings durch Morast robbt oder sich durch enge Spalten quetscht. Nicht von ungefähr nennen die Münchner ihre Schutzkleidung für Höhlenexkursionen den »Schlaaz«. Dieses Wort sucht man selbst im Duden-Wörterbuch der deutschen Sprache mit seinen sechs dickleibigen Bänden vergebens und findet es auch in vielen mundartlichen Spezialwörterbüchern nicht. Altbayern wissen freilich auch so, was Schlaaz bedeutet: Nasser Dreck, Schmiere, oder – wie man im Norden sagt – Modder. Und in der Tat: Ziemlich verschmiert und verdreckt sehen die aktiven Speläologen nach ihren Freizeitaktivitäten meistens aus. Aber seltsamerweise auch irgendwie glücklich …

Wer nicht gleich einem Verein oder Verband beitreten möchte, aber dennoch mal mehr unter der Erde kennenlernen will als der übliche Schauhöhlenbesucher, der hat in Südbayern noch eine andere Möglichkeit. Da gibt es nämlich seit einigen Jahren die »Bergschule Unterwelt«, gegründet von dem staatlich geprüften Bergführer Willi Brunner. Und zwar wozu? Das erklärt ein Infoblatt des Unternehmens so: »Dort, wo die Schatten scheinbar ins Unendliche reichen, liegt vieles noch in der Tiefe der Dunkelheit verborgen. Dies versetzt den Höhlenforscher immer wieder in die Situation des Suchenden, und er findet dort das, was auch den Bergsteiger an den Bergen so fasziniert: Das Hinter-sich-Lassen von Gewohntem und Bereitsein, neue Wege zu beschreiten. Die Bergschule Unterwelt ermöglicht den Zugang in die Welt der Höhlen und verschafft durch Verbindung von Bergwandern-Klettern-Höhlen ein ganz neues Bergerlebnis.«

Willi Brunner unterscheidet dabei zwei Arten von Unternehmungen: Einmal Höhlenwanderungen, gedacht als »Schnuppertage« für den Bergwanderer ohne jede Klettererfahrung. Man zieht da mit fünf bis acht Teilnehmern los, die für eine einigermaßen brauchbare Ausrüstung (nach Anweisung) selber sorgen müssen – bis hin zum Schutzhelm mit Stirnlampe. Ziele sind dabei einige bekannte und etliche nicht so stark besuchte Höhlen vor allem in den Berchtesgadener Alpen.

Die zweite Kategorie sind Touren für geübte Bergsteiger, die eine Höhle auch durch Anwendung einfacher Klettertechnik kennenlernen möchten. Voraussetzungen sind hier Klettererfahrungen im I. und II. Grad und Grundkenntnisse in der Seil- und Sicherungstechnik. Auch an die Ausrüstung werden hier noch höhere Anforderungen gestellt als bei den Höhlenwanderungen. Die Teilnehmerzahl ist auf vier Personen limitiert. Die Ziele liegen im Estergebirge, in den Bayerischen Voralpen und in den Berchtesgadener Alpen. Es handelt sich da nicht um eine Locker-vom-Hocker-Veranstaltung; das zeigt schon die Tatsache, daß man sich nicht erst am Startpunkt trifft, sondern sich bereits bei einer intensiven Vorbesprechung kennenlernt und theoretisch vorbereitet wird.

Wenn sich jemand näher mit Höhlenkunde befassen möchte – hier sind die beiden Adressen:

1) Verband der Deutschen Höhlen- und Karstforscher, Vorsitzender Dipl.-Geol. Klaus Cramer, Birkenstraße 7, 8150 Holzkirchen.

2) Bergschule Unterwelt, Willi Brunner, Abenthumstr. 7, 8000 München 80, Tel. 089/409306

Übrigens: Bergführer Brunner beschließt seine Infoschreiben nicht mit Berg Heil, sondern in Abwandlung des alten Untertagegrußes der Bergleute mit: »Ein herzliches Glück tief!«.

Ein paar Tips über Bayerns Grenzen hinaus

Interessante Untertage-Ausflüge kann man auch in einigen angrenzenden Gebieten machen.

In Österreich

Besonders reich an Schaubergwerken ist Österreich, vor allem in seinen Bundesländern Tirol, Salzburg und Steiermark. Von Europas ältestem *Kupferbergbau* (seit 4000 Jahren!) über Salzbergwerke bis zum steirischen Erzberg gibt's da so viele, daß sie sich zu einem Verein mit knapp zwei Dutzend Mitgliedern zusammengeschlossen haben. Wo findet man was? Das läßt sich hier nicht alles im einzelnen aufführen, aber man kann sich eine sehr hübsche und reich bebilderte Broschüre mitsamt Landkarte und allen für den Besucher wichtigen Informationen kostenlos schicken lassen. Die Adresse: Verein Schau- und Erlebnisbergwerke in Österreich, Freiheitsplatz 1, A-8790 Eisenerz. Tel. (von Deutschland) 00433848/3600 und 3911. Der Titel der Broschüre: »Erlebnis-Schaubergwerke in Österreich«; sie enthält mehrere Anforderungskarten, mit denen man sich von einzelnen Orten noch detailliertere Informationen kommen lassen kann.

In Hessen

Ein bißchen was Unterirdisches hat auch unser nördliches Nachbarbundesland Hessen zu bieten: Diverse Besucherbergwerke für Kupferschiefer, Eisenerz, Schiefer, dann einige Höhlen und die Dillenburger Kasematten. Wer darüber Näheres erfahren möchte: Es gibt einen Faltprospekt »Glück auf in Hessens Unterwelt«. Er wird kostenlos verschickt vom Hessischen Fremdenverkehrsverband e.V., Abraham-Lincoln-Str. 38, 6200 Wiesbaden, Tel. 0611/778800, Telefax 0611/700384.

In Württemberg

Besonders viele Höhlen hat das »Ländle« auf der schwäbischen Alb. Einen Gesamtkatalog gibt es nicht, deshalb seien hier einige interessante Punkte aufgeführt, jeweils mit der Telefonnummer (oder Anschrift) für Auskünfte.

Olgahöhle bei Stuttgart, größte Tuffhöhle (Primärhöhle) in Deutschland. Informationen: Pilgerheim Echazquelle, 7414 Lichtenstein-Honau.

Nebelhöhle bei Stuttgart, bekannt u.a. durch das jährliche Höhlenfest seit 1803, Informationen: Gemeindeverwaltung in 7411 Sonnenbühl-Erpfingen, Tel. 07128/635.

Bärenhöhle bei Stuttgart (mit vielen Knochenfunden), Informationen: wie bei der Nebelhöhle.

Wimsener Höhle bei Zwiefalten, einzige deutsche Höhle, die mit dem Boot befahren wird, Informationen: Verkehrsamt in 7942 Zwiefalten, Tel. 07373/571.

Zwiefaltendorfer Tropfsteinhöhle, die kleinste deutsche Schauhöhle, 1892 wurde sie bei Ausschachtungen für einen Bierkeller entdeckt. Informationen: Familie Blank in 7940 Riedlingen-Zwiefaltendorf, Tel. 07373/643.

Charlottenhöhle bei Giengen an der Brenz, ehemalige Flußhöhle. Informationen: Gemeindeverwaltung in 7928 Giengen-Hürben, Tel. 07322/1391.

Laichinger Tiefenhöhle bei Merklingen, einzige für jedermann zugängliche Schachthöhle Deutschlands. Informationen: Heimat- und Höhlenverein, Postfach 12, 7903 Laichingen.
Hohler Fels bei Ulm (mit jährlichem Höhlenfest). Informationen: Tel. 07394/2529.
Gutenberger und Gußmannshöhle bei Kirchheim/Teck. Informationen: Beim Bürgermeisteramt in 7318 Lenningen.

In Thüringen

Schließlich noch was Besonderes im neuen Bundesland Thüringen: Im Viereck zwischen Bad Hersfeld, Fulda, Meiningen (nahe Coburg) und Eisenach liegt das »Erlebnisbergwerk« in Merkers (an der B 62). Hier werden seit Anfang dieses Jahrhunderts Kalisalze gefördert und weiterverarbeitet. In 70 Jahren ist in der Grube Merkers ein Untertage-Streckennetz entstanden, das etwa der gesamten Straßenlänge einer Großstadt wie Leipzig entspricht, und das jährlich um 5 km wächst. In 500 Meter Tiefe wird man etliche Kilometer herumgefahren, man sieht dabei u.a. auch den einzigen Untertage-Schaufelradbagger, ein Museum im Untergrund und eine in Europa einzigartige Salzkristallgrotte. Neu zugänglich ist seit Herbst 1992 auch der »Goldraum«, wo kurz vor Kriegsende 1945 die Reichsregierung den größten Teil ihrer Gold- und Devisenbestände einbunkerte, desgleichen kulturhistorische Schätze. Im April 1945 wurde dieses bombensichere Depot von der 3. US-Armee des Generals Patton entdeckt. Auch General Eisenhower, der spätere amerikanische Präsident, schaute sich das »vor Ort« an, bevor alles ausgeräumt wurde. Auch hier gibt's einen Prospekt, der angefordert werden kann bei der Kali-Werra AG, O-6212 Merkers, Tel. 036969/84101.

Fachbegriffe

Dolomit-Gestein Calcium-Magnesium-Karbonat, gesteinsbildendes Mineral, das durch kohlendioxidhaltiges Wasser gelöst und ausgewaschen werden kann = Höhlenbildung

Kalkspat Leicht spaltbares Kalkgestein. Kalk ist das am häufigsten vorkommende Höhlengestein.

Karst Nach der istrischen Region benannter Landschaftstyp mit vielen Höhlen und den typischen Gesteinen Kalk, Dolomit und Gips.

Katakombe Unterirdische Begräbnisstätten der Antike im Mittelmeerraum, als Begriff heute auch für unterirdische Gänge sonstiger Art verwendet.

Kasematte In Festungen durch starken Erdaufwurf geschützte unterirdische Gewölbe aus dickem Mauerwerk.

Kaverne Bezeichnung für künstlich geschaffene Höhle.

Keuperstein Gesteinsformation der Trias, entstanden vor ca. 200 Mio. Jahren.

Lampenflora Einfache Pflanzen (z.B. Algen, Moose, Farne), die im Licht künstlicher Höhlenbeleuchtung gedeihen.

Muschelkalk Gestein der mittleren Trias (vor ca. 200 Mio. Jahren).

Sinkwerk Unterirdischer Hohlraum, wo Salz mit Wasser aus dem Gestein gelöst wird.

Sinter Mineralabsatz aus fließendem Wasser, bildet Krusten, Wälle und Terrassen.

Sohle In der Bergmannssprache die unterste Begrenzung eines Grubenbaus.

Speläologie Höhlenkunde.

Stalagmiten Auf dem Boden aufwachsende Tropfsteinsäulen bzw. -kegel.

Stalaktiten Von der Decke hängende Tropfsteine.

Teufe In der Bergmannssprache Bezeichnung für Tiefe (eines senkrechten Schachts).

Tropfstein Aus Sickerwasser ausgeschiedene Calcit-Sinter mit oft sehr bizarren Formen.

Register

Werner A. Widmann

Bayerischer Wald und Böhmerwald

200 Seiten, 50 S/w-Abbildungen, 12 farbige Abb., flexibler Einband, DM 19,80.

Ein Kenner führt mitten hinein in die größte Waldlandschaft Mitteleuropas und bietet über 70 Routen zu landschaftlichen und kulturellen Sehenswürdigkeiten.

Godehard Schramm / Bernd-Heinz Häuser

Fichtelgebirge – Frankenwald – Steinwald

224 Seiten, 13 fbg. Abb., 36 S/w-Abb., 2 Stadtskizzen, 1 Gebietskarte, flexibler Einband, DM 19,80.

Das klassische Mittelgebirge – ein begehrtes Reise- und Wanderziel.

Landschaft und Kultur in der Tasche

Die schönsten Ausflugsziele!

Hans S. Steinbichler / Werner A. Widmann, **Chiemgau**

224 Seiten, 12 fbg. u. 52 S/w.-Abb., flexibler Einband, DM 19,80.

»Wer sich mit dem Buch auf Erkundungsreise begibt, bekommt nicht nur Hinweise auf Wandervorschläge geboten, er erhält auch Einblick in kunsthistorische und topographische Zusammenhänge.« *Oberbayer. Volksblatt*

Beatrix und Egon Pinzer, **Nordtirol**

288 Seiten, 13 farbige u. 56 S/w-Abb., 3 Übersichtskarten, flexibler Einband, DM 29,80.

rosenheimer

Zu beziehen bei jeder Buchhandlung!